人物篇

吞米·桑布扎传

他在故乡不止一个名字
他于西藏不止一段故事

《幸福拉萨文库》编委会 编著

西藏人民出版社

图书在版编目（CIP）数据

吞米·桑布扎传／《幸福拉萨文库》编委会编著. — 拉萨：西藏人民出版社，2019.6
（幸福拉萨文库）
ISBN 978-7-223-06329-6

Ⅰ.①吞… Ⅱ.①幸… Ⅲ.①传记文学－中国－当代 Ⅳ.① I25

中国版本图书馆 CIP 数据核字（2019）第 079540 号

吞米·桑布扎传

编　　著	《幸福拉萨文库》编委会
责任编辑	计美旺扎
策　　划	计美旺扎
封面设计	颜　森
出版发行	西藏人民出版社（拉萨市林廓北路 20 号）
印　　刷	三河市东兴印刷有限公司
开　　本	710×1040　1/16
印　　张	14
字　　数	207 千
版　　次	2020 年 6 月第 1 版
印　　次	2020 年 6 月第 1 次印刷
印　　数	01-10,000
书　　号	ISBN 978-7-223-06329-6
定　　价	35.00 元

版权所有　翻印必究

（如有印装质量问题，请与出版社发行部联系调换）

发行部联系电话（传真）：0891-6826115

《幸福拉萨文库》编委会

主　　　任	齐扎拉	西藏自治区党委副书记、自治区政府主席
	白玛旺堆	西藏自治区党委常委、拉萨市委书记
常务副主任	张延清	西藏自治区政府副主席、日喀则市委书记
	果　果	拉萨市委副书记、市长、城关区委书记
	车明怀	西藏社科院原党委书记、副院长
副　主　任	马新明	拉萨市委原副书记
	达　娃	拉萨市委原副书记、市人大常委会主任
	肖志刚	拉萨市委副书记
	庄红翔	拉萨市委副书记、组织部部长
	袁训旺	拉萨市政协主席、经开区党工委书记
	占　堆	拉萨市委常委、常务副市长
	吴亚松	拉萨市委常委、宣传部部长
主　　　编	《幸福拉萨文库》编委会
执行主编	占　堆	拉萨市委常委、常务副市长
	吴亚松	拉萨市委常委、宣传部部长
副　主　编	范跃平	拉萨市委宣传部常务副部长
	龚大成	拉萨市委宣传部副部长
	李文华	拉萨市委宣传部副部长
	许佃兵	拉萨市委宣传部副部长
	拉　珍	拉萨市委宣传部副部长
	赵有鹏	拉萨市委宣传部副部长

委　　员　张春阳　拉萨市委常务副秘书长
　　　　　张志文　拉萨市人大常委会副秘书长
　　　　　杨年华　拉萨市政府副秘书长
　　　　　张　勤　拉萨市政协副主席
　　　　　何宗英　西藏社科院原副院长
　　　　　格桑益西　西藏社科院原研究员
　　　　　蓝国华　西藏社科院科研处处长
　　　　　陈　朴　西藏社科院副研究员
　　　　　王文令　西藏社科院助理研究员
　　　　　阴海燕　西藏社科院助理研究员
　　　　　杨　丽　拉萨市委宣传部理论科科长
　　　　　其美江才　拉萨市委宣传部宣教科科长
　　　　　刘艳苹　拉萨市委宣传部理论科主任科员

前言

舞起文明绚丽霓裳

他这一生皆在行走。

酷热之沙漠、荒凉之戈壁、死寂之空谷、彻寒之冰山，皆留有他沉稳笃定的脚步。行走之时，他并不知晓路的尽头在何处，亦不知晓前方如何艰险。他只是一再上路，与渗入骨髓的孤独相互做伴，也相互斗争，倾尽全力奔向更遥远、更广阔的所在。

他这一生亦在追寻。

他走向那比远方的风更遥远的远方，是为了追寻在心底隐隐招摇着的美丽梦境。这个梦境关乎个人生命的纯度与厚度，亦关乎一个民族的当下与未来。村落里的老者预言他日后必成大器，他虽不以此为傲，却自信有生之年定然与众不同。

正是他的这份执念，让雪域高原这片纯净的土地逐渐脱下荒蛮的外衣，以惊艳俗世却从不媚俗的姿态，朝世人缓缓走来。世人为之惊叹，并将溢美之词毫不吝啬地赠予他，而他始终以淡然之心面对这一切，安静地站在灯火阑珊处，微笑看着周遭的世界一点点变成自己想象的样子。

在年老时，他停止行走，辞别喧嚣之城，背着单薄的行囊回到静谧的村落。故乡一如他离开时的模样，仿佛始终在等他归来。在枝叶繁茂的古树下，他开始检点往昔。悲伤也好，欢愉也罢，皆是他珍视的回忆。

他是那般庆幸自己生于日渐繁盛、闪烁着耀目之光的吐蕃，其赞普松赞干布如出鞘之剑那般跃跃欲试。使吐蕃立于雪域高原而永世不倒，是他们共同的心愿。

如果一个民族徒有坚硬之外壳，而无饱满丰盈之内涵，终会被时间吞没。而一个没有自己文字的民族，又如何穿过岁月的隧道，长久地、鲜活地存在于世人的记忆中呢？

长矛与刺刀可以征服敌人，却无法战胜时光。于是，他谨遵松赞干布的嘱托，踏上远行之路。在路途之中，他挣扎于生与死的边缘，其求生的意志来源于肩上的使命，亦来源于对文明的向往。

抵达天竺之后，他浑然忘却周遭纷乱的世界，一头扎进知识的海域。他不再与外界的艰险较量，而将精力转向内心与精神。万物皆是文字之源，他凝聚心神，捕捉那一闪而过的灵感与稍纵即逝的幻象。

他终未辜负松赞干布的期望，在漫长的七年之后，满载精神食粮踏上归途。路途遥远，步步艰险，疾病如影随形，死亡近在咫尺，他仍以笃定之信念为支撑，决心将往日所学带回吐蕃。

归来。一颗漂泊的心，就此找到可以栖息的归宿。他心甘情愿在安静的角落，将所学的知识一点点倾倒出来，让文明之火种在吐蕃大地上扎根、生芽，开出永不凋落的绚丽花朵。

随后，他将绕身的荣耀甩在身后，决然退回生养自己的村落。人生原本就可以这样画上句号，但他又用余生的热情写出了新的文明篇章。

他，便是吞米·桑布扎。

目 录

第一章
心中的宏愿：金殿上的赞普之梦

吐蕃的荣光·002
长安城的月光·006
赞普未遂的心愿·009
父子抉择·013
春回人间·017

第二章
走出雅砻河谷：眺望西边的神秘佛国

酥油灯点燃的漫漫长夜·022
赞普的终极考验·026
肩负向导重任·029
风餐露宿三十余日·033
冈仁波齐峰巡礼·037
四季风景瞬间变换·040

第三章

生死劫难：流沙与酷暑中的幸存者

今夜有暴风雪·046

少了一个人·050

"我们终于看到了绿洲"·054

水是上天对意志的考验·058

泥婆罗国王的馈赠·062

最后的幸存者·066

第四章

天竺求学：文字的智慧拔节生长

天竺来了一个装束奇怪的人·070

拜会婆罗门李敬大师·073

恩师的关照·077

大乘佛教的奥妙·081

问学于达拉日巴班智达·085

第五章

梦回吐蕃：身在异国心念故土

会行走的记忆·090
吞巴河，抹不去的儿时趣事·093
夜半惊梦·097
魂牵梦绕的糌粑香·100
别尊师，念归程·104

第六章

盛大的飨宴：这一天，松赞干布盼了七年

近乡情更怯·110
松赞干布亲迎留学生·113
金殿问答·116
他带回的东西惊艳了整个吐蕃·120
这一场盛宴，他以泪作酒·123

第七章

吐蕃文诞生：书写辉煌政权的文化创举

潜心研究梵文文法·128
赞普的厚望·132
在熟悉的梵文中寻找灵感·135
创制吐蕃文字母·139
"无头字"和"有头字"的诞生·143

第八章

玛茹宫里的诵读声：主臣共处一室

玛茹宫踱步·148
策久拉康的六字真言·152
赞普的格拉·156
吐蕃文学习热潮·160
满载威望的吐蕃文信函·164

第九章
译经：在文字转换中流淌的文明交融

声明学不再是一人的专利·170
佛教经典在高原流传·173
吐蕃文文法参考书千年传颂·177
赴任执法大臣·181
独自踏上归去之路·185

第十章
故乡的祈盼：佛教流传的重要推手

重逢至亲·190
吞巴河的鱼永远记得他的告诫·193
吐蕃纸"容颜永驻"·197
他摩挲过这里的每一块经版·201
沉寂千年的巨幅壁画·205
他在吞达村不只是一个名字·208

主要参考文献·211

第一章
心中的宏愿：金殿上的赞普之梦

　　雪域高原地处世界之巅，是古代传说中的福泽之地。直到公元7世纪，古老神秘的东方预言再也无法护佑它的子民，一场蓄谋已久的灾难正悄然临近。南日伦赞在自己的王宫里被佞臣毒杀，原本臣服于吐蕃的塔波、工布、苏毗、娘布等小邦纷纷公开叛变。年仅十三岁的松赞干布力挽狂澜，重整破碎山河，各邦慑于吐蕃的实力，接连派使者伸出友谊的橄榄枝。然而，苦于没有文字，赞普的威望只能通过口信传达，松赞干布感到吐蕃正为文字的匮乏所吞噬……

吐蕃的荣光

天光澄澈，云阔风劲。

午后三时，太阳倾斜至房屋西侧。稀疏错落的光影穿过参天古树的叶子，落在一个身穿袍子的老人身上。

时间之水淌过这位老者时，仿佛不再流动。他那带着岁月痕迹的面容，那洞悉世间万物的双目，那银白似月光的头发，都是沧桑时光曾经来过的佐证。一只神鹰从空中展翅飞过，稍作停留后又朝着东方飞去。一切似乎都了无痕迹，唯有那漫无边际流动的白云与来去自由的风，带着远古的气息，留下些窸窸窣窣的线索。

老者面前，放着一本他前不久刚译好的佛经。佛经以吐蕃文写就，字体棱角分明、元气饱满，一笔一画之间皆有深意。疏影跌宕，清风轻轻翻过一页经卷，吐蕃文在纸页间闪耀出清淡的光泽。老者闭上眼睛，嘴角弯起一抹深沉的笑意，好似从经书的光影中，窥探到了天地神明的旨意。

年老时，最爱回想早年事。时光在这位老者身上短暂逗留之后，并未奔流而去，而是回溯而上，急速倒流。

古树的枝蔓慢慢收缩，叶子稀疏鲜活；院中小径曲折，石子清晰发亮；房屋崭新有致，色彩明丽。这位老者回到十几岁的光景，双目蘸着太阳之光，肢体带着新鲜生命的气息。

那日的黄昏，在他的记忆中有着别样的味道。天空中着满淋漓的玫红色泽，犹如墙上那斑斓绚丽的壁画。返林的鸟群从夕阳中飞过，宁静祥和。母亲在院落里照料清晨开放的格桑花，父亲将他叫到跟前，上上下下打量他许久，终于开口说道：

"吞米，你已经长大，赞普要你赴天竺（今印度）学文创字，你可否胜任？"

夕阳之光平和中带着热烈，恰好照到他棱角分明且坚毅的脸上。那一刻，他心潮澎湃，平静的生命中瞬间涌起激情。

"我要让吞米·桑布扎这一名字，永远地留在吐蕃的历史中。"

这是他心底最雄浑的号角声。但他并没有这样告诉对他满怀期待的父亲，只是郑重地点了点头。

吞米·桑布扎深知求学之路荆棘遍布、蟒蛇出没，每一步都可能命丧黄泉。更为艰难的是，他必须忘掉世间的繁华与喧闹，独身走向无人的旷野中。天地苍茫，看不见一个人影，只得与疯长的植物做伴，与生猛的野兽周旋，与吞噬心灵的寂寞斗争。

因为肩膀上背负着沉甸甸的使命，他不允许自己有一丝放弃的念头。确实，在历史的隧道里洞见光明的吐蕃，正等待着吞米·桑布扎将可以记录文明的文字带回来，从而照彻一切黑暗，驱逐万千阴影。

遥远的天竺，是他唯一的方向。身后的雪域高原，则属于他学成归来之后的世界。

在求学途中，雪域高原不止一次出现在吞米的梦中。尽管它曾经受冰冷的刀光剑影，曾背负浩荡无情的铁蹄，但从混沌的历史风烟中打马而过后，这片土地出落得愈发让人惊叹。

仿佛是神的庇佑，雪域高原这片喷薄而出的土地，历经沧桑的岁月之后，仍旧纯净如初，未曾沾染上丝毫尘埃。自形成之日起，它便开始以传奇般的琳琅姿态，演绎比唐卡还要绚烂的故事。

当然，雪域高原并未以雷电之速迅疾繁荣起来，纵使它以纯净无染为名，有着奔腾之江河、巍峨之雪山、葱郁之深林、碧蓝之天空、墨绿之牧场，但终究因海拔过高、氧气过于稀薄而阻碍了人们前去燃起人间烟火的脚步。

在苍茫无边的时间中，雪域高原就这样安静地聆听着智勇之人铿锵的脚步声，等待着他们叩响门扉。

风烟俱净，天高云阔，总有些无惧无畏之人敢于挑战自然的权威、世界的高峰。生活在这里的古人们，相互斗争厮杀，也相互兼并融合。在付出血的代价之后，雅砻部落崛起，凭借智慧与勇力，统一了雪域高原各部。曙光喷薄的黎明，夜幕降临的黄昏，仿佛都为它而来。

这些斑驳的往事，吞米·桑布扎曾坐在窗前听父亲讲过。聆听这些陈酿一般的往事时，窗外正下着小雨，秋叶在风中飘零许久又落到小径上。父亲的声音，似乎从很远的地方传来，让他分不清这是事实，还是传说。他想着，要是有人能将这些记录下来就好了。

他的思绪已经飘远，而父亲仍在给他讲述那些古老的故事。

在风云变幻的年代，辉煌的功绩可转瞬即逝，落魄的现状可绝地反击。世间并无永远的胜者，也无恒久的败寇。唯有智慧和勇力，能稳住风雨飘摇的政权，继而将之推向巅峰。

从第一代赞普聂赤赞普，到第三十二代赞普南日伦赞，吐蕃始终与生活在雪域高原的各个小邦周旋。那个时期，淳朴的藏族先民们生活得如履薄冰、战战兢兢，或许哪天从睡梦中醒来时，便会发现尸横遍野，家乡成为刀剑不留情的战场。

所幸，吐蕃纵然时常处于水火之中，但有足够的能力穿过战争的阴霾，涉过沧桑的时间长河，而不被历史遗忘。每一代赞普在位期间，都想用铠甲兼并一个无足轻重的小邦，将部落向雪域高原的中心推进一步。这一步或许小得可以忽略不计，但藏族先民为之付出的代价，却蕴含着汗水与鲜血。

吉曲（今拉萨河）的河水在阳光的照射下，蓝中泛着黄晕。藏族先民追逐着这条河的流向，孕育并壮大自己的部落。直至南日伦赞时期，吐蕃的版图才得以初步奠定，经济也逐步呈现出繁荣之态，这使得南日伦赞这一名字，犹如不落幕的星辰一般，永远闪耀着可以驱走黑暗的光芒。

然而，北风即至，云彩瞬息万变，平静的吉曲顷刻波光飞溅，水浪滔天。日益强大的吐蕃，看似已获得足够坚硬的盔甲，荣光无限、战绩耀眼，但它仍如涌动的吉曲一样，表面的辉煌之下隐藏着暗礁。

水至清则无鱼。站上最高峰时，也就意味着此后只能往低处走。南日伦赞戎马一生，征战无数，征服了大大小小的部落，就连强大的象雄都不再肆无忌惮。然而，当他想要脱下战衣，好好地啜饮一杯兑着荣誉之光的佳酿，赏一赏吉曲的绝美景致时，却未曾料想到萧墙之内，竟起祸乱。内忧引发外患，先前被征服的小邦又纷纷叛变。

逝去的人，已经拼尽全力完成了肩上背负的使命；而留下来的人，则要将悲痛整个吞下，一言不发地接过重担，朝着前人所指的方向走去。不管道路如何崎岖艰难，都只能咬着牙向前挪移，把懦弱与眼泪留给深不见底的黑夜。

吞米·桑布扎听到此处时，雨下得更大，院落里那棵古树的叶子扑簌簌地落下来。仍是午后，远处升腾起的雾气却让人觉得黄昏已至。吞米·桑布扎怯生生地打断父亲："是松赞干布赞普担起了重任吗？"

父亲抚摸着他的头，给他以肯定的答案。

是的，是松赞干布。一个极具传奇色彩的人，真正将吐蕃推上顶峰的赞普，一位与雪域高原同在的英雄。

挥斥方遒，干脆利落。十三岁的松赞干布带着父祖的庇佑，开始绘制一幅前所未有的波澜壮阔的吐蕃蓝图。那是属于吐蕃的荣光，也是属于松赞干布的荣光，更是属于每一个藏族先民的荣光。

而这荣光，需要被历史记住，被世人记住，被岁月传承。

吞米·桑布扎在外求学期间，每当遇到艰难险阻，总会想起父亲给他讲述的这段历史。途中风沙弥漫，而他的眼睛永远携着洞见黎明的天光。

长安城的月光

初秋将至,疏雨时来。雪域高原的天空碧蓝、透彻。

吞米·桑布扎犹在不知愁的年纪,常在林木成荫的院落里追逐偶然停落的飞鸟。有时,邻家的孩子闯进门来,不由分说地拽着他出去玩耍,他总会跟母亲打个招呼才跑出去。

他年少时所住的村落并不大,但景致美得无法言说。溪流纵横交错,从村中蜿蜒穿过,旋转的水车激起浪花万朵。草地柔软如毛毯,林木浓郁而茂密,鸟鸣啁啾,此起彼伏。这里的万物都如此静默,又带着集天地之精华的灵性。

吞米·桑布扎徜徉在这片天赐的土地之中,精神日益觉醒、饱满。村落最南边住着的是最年老的长者,须发花白,面容起褶,倒是眼睛炯炯有神,仿佛看得见旁人看不见的玄机与奥秘。有一日,旭日初升,东方色泽渐变,五彩纷呈,吞米·桑布扎周身散着奇异之光。一向少言的长者说道:"这孩子命数不凡,日后定有所成就。"

吞米·桑布扎听后一阵欣喜,却并未以此自傲,而是继续沉浸于纯粹的少年时光中,用惊奇之眼静观世间微妙之变。

彼时,松赞干布以智慧为经,以勇力为纬,将吐蕃的疆域不断向南推进。冰雪万里,朔风凛冽,唯有战士的铠甲与梦中的蓝图带着人间温度。风烟弥漫,尘埃散落,未曾走近的远方永远都让人兴致盎然。

对于血气方刚的松赞干布而言，千里之外的长安正是他日思夜想的远方。那里，气候温和，四季变幻，人民富庶，晚间繁华如白昼。长安，像是挂在树梢上的那弯月亮，它把整个庭院都照得极具美感，皎洁得像是一场与初恋有关的梦境，带着绝伦的大美。

夜间，酥油灯忽明忽暗，寒风吹来，侵入体内。服侍松赞干布的人拿来披风，披到他的肩上。随后，一切归于寂静。松赞干布站于宫寝内，隔着窗户看那弯牵动他心绪的月亮。在下人退下的时刻，他推开窗子，向月亮的方向伸出手去，似乎想要触摸它。

那一夜，长安城又出现在松赞干布的梦中。梦中的宫殿富丽堂皇、气势恢宏，守城的士兵硬朗而精神，街衢宽阔而平坦，商贩的叫卖声清脆而响亮，百姓们怡然自乐，不知饥馑与穷苦。

醒来之后，他怅然若失，久久沉醉于梦境之中。经过一番思虑，他决定派使者走出这座被冰雪覆盖着的高原，一直向东行，直至令他魂牵梦绕的长安城。

寻梦的路，从来都是遥远而婉曲的。厚重的生命与平庸的生活之间，隔的无非就是一个"梦"字。或许，梦的价值不在于实现与完成，而在于追求，在于寻觅。

使者带着黄金器皿、上等的麝香，以及一切可以表达赞普心意的贵重贡品，踏上走向东方的漫漫长路。白昼与黑夜交替，黎明与黄昏轮换，松赞干布在宫殿之内踌躇踱步，渴求清风带来一点远方的讯息。然而，时日如常，一切并未因此有所改变。

跋涉数月，吃尽风沙与苦头后，松赞干布派去的使臣终于抵达长安。真如松赞干布梦中的那般，长安城恢宏大气、雍容华贵，街衢之中车水马龙，百姓所穿服饰艳丽大气，脸上笑容难掩幸福满足之意。

踏上朝堂，使者将所带宝物一一呈上，以望加深稳坐龙椅的唐朝皇帝对吐蕃的好感。使者多年伴于松赞干布左右，自然智慧与勇力俱佳，不卑不亢地夸赞大唐之繁荣，末了还不忘将吐蕃所在的高原提一提，谈吐非凡，让唐太宗惊叹至极。

长安城的天空，浓墨重彩，更具凡尘之味。唐太宗将使者眼中的赞叹之意看得清清楚楚，也了悟远在雪域高原的松赞干布是如何倾慕大唐盛景，仰慕中原文明。为使彼此交好，互相亲睦，唐太宗自然要盛情款待，并派使臣冯德遐与吐蕃使者一同回去，将大唐天子的问候与祝愿带给松赞干布。

来时正值初秋，走时已至深秋。时间最是不禁用，不管人得意或是失意，都分秒不差地往前奔去。而对于等待的人来说，却是度日如年。松赞干布伫立于世界之巅，看着日夜流动的吉曲，只觉天地寂静，不闻使者消息。

就这样等来了深冬，逻些城（今拉萨）下了入冬的第一场雪。守城的侍卫在雪地上留下两行脚印，摔了几跤之后，终于来到松赞干布面前，报告大唐使臣到来的消息。松赞干布长舒一口气，将手中的青稞酒一饮而尽。

世间值得留恋的人和事永远说不尽、道不完。松赞干布生命中永不褪色的风景之一，便是率领众人亲迎来自长安的使臣。大唐的使臣，是松赞干布带领吐蕃走向世界的一座桥梁、一个窗口，是照彻黑夜的月光，是夜空中闪亮的北斗星。

在与大唐互通有无中，吐蕃日益强盛，松赞干布更加坚毅。然而，在寂静的深夜里，他越来越觉察到空虚之感在慢慢浸入自己的身体，进而渗入吐蕃的每个角落。不眠的时刻，月亮的光更加明亮，而松赞干布明白，他无法将月光收入自己囊中。

最让人绝望的时刻，往往不是子夜，而是黎明前的那一刻。那时，黑暗已笼罩得太久，天光还在来时的路上，世人感知到的唯有盛大的死寂与孤独。放弃，是最快的通道和唯一的捷径。然而，再撑一秒钟，就能看到旭日喷薄而出。

松赞干布深知，他必须撑过那一秒钟。这是他与生俱来的使命。

而正与邻家孩子沉浸于村落景致中的吞米·桑布扎，也会因松赞干布肩负的使命结束那锦缎般光滑的年少时光。

赞普未遂的心愿

秋风乍起，古树上的叶子簌簌落了一地。空中偶有神鹰飞过，划过一道绵延的弧线，又消失不见。天地之间，寂静无声。

那是一个深秋的黄昏。

吞米·桑布扎独自坐在自家院落中的古树下，静静地看姿态变幻万千的云彩。母亲在他旁侧静默着做针线活，对于吞米·桑布扎的安静并不出言相问。她也听闻过村中长者有关吞米·桑布扎日后定成大器的言语，却不急于促成，而是以母亲之仁慈希冀儿子度过无忧的童年，日后无论是否成器皆平遂安乐。

他的母亲也是睿智之人，知晓走得越远就越寂寞，攀得越高就越容易觉得寒冷。为吐蕃的强盛增砖添瓦与光耀门楣，固然是她心中向往之事，但她终究具备所有母亲皆有的弱点：自私。是的，她也自私，自私地希望吞米·桑布扎只是一个普通的孩子，享受庸俗的悲喜、凡尘的欢忧。

然而，每当黄昏时刻，看着吞米·桑布扎沉浸在自己的世界里时，她便知道，这个孩子注定不同于凡人。他属于远方，属于吐蕃，属于不会被风尘掩埋的漫长岁月。

年少时，吞米·桑布扎最喜欢趴在窗前等待父亲回来。他的父亲是吞米·阿鲁，为人正直，胸中又有韬略，是松赞干布极为信任的贤良之臣。每当父亲议事回来后，吞米·桑布扎便缠着父亲不放，让他讲讲逻些城里近来发生的事。

开始时，父亲只是给他讲述一些无关紧要的趣事，诸如谁在赞普下达命令时打了一个喷嚏，谁家又生了一个胖小子。后来，父亲发现他越来越不满足于这些琐事，而是像个历经世事的大人一样在询问政事，脸上带着一股子成熟的天真，也带着一股子不罢休的稚气。父亲这才信了村中长者不经意的预言。

当局者迷，这话一点不假。置身其中，往往看不见隐藏起来的细节，只有从中跳脱出来，才会恍然大悟，看清那些不经意间留下的线索。

夜深露重，月光透进窗子，吞米·阿鲁仍辗转无眠。不知为何，他忽然想起吞米·桑布扎刚刚出生时的日子。

时光迅速回流，来到隋大业十四年（618年）。那个夏天多连绵之雨，云层堆积空中，雷声阵阵轰鸣，村中溪水溢满后四处奔流，村外林中雾气升腾。一日，骤雨倾盆而下，狂风肆虐如兽，吞米家中传出两声嘹亮的"呱呱"声。刹那间，云开雾散，天光倾洒，太阳升至中天。吞米·阿鲁喜极而泣，跪地朝天而拜。自此之后，整个夏天皆是惠风和畅的晴日。

这般传奇的出生，在村中逐渐传为佳话。吞米·桑布扎也在这样的注目下，身体一日比一日结实。不知不觉间，十几年的光景从眼前倏忽而过。

吞米·阿鲁翻了几次身，仍是无法入睡，以至于睡在他身侧的妻子也醒了过来。他们看着渗进窗来的月光，将手紧紧扣在一起。妻子很清楚，儿子在不久之后将会走出他们的视线，走向未知的远方。

黑夜广袤无边，容得下一切悲伤或是欢愉。那些隐约闪着光芒的希冀或是不舍，在寂静的黑暗中显得格外清晰。

深夜，不乏辗转反侧失眠之人。吞达村里有吞米·阿鲁夫妇，逻些城里有松赞干布。无眠时刻，最为痛苦。而痛苦之际，也是最为清醒之时。

吐蕃与大唐互通有无，这让松赞干布在感到骄傲的同时也极度难过。当侍卫一再传来吐蕃在战场上胜利的捷报时，松赞干布便愈加惊慌。十三岁那年继位宴会上的情景，一次又一次地在他脑海里回放。

第一章　心中的宏愿：金殿上的赞普之梦

唐贞观三年（629年），松赞干布在众臣拥护之下继位。在吐蕃所有人的注目中，他一步步登上台阶，坐上高高在上的赞普之位。天晴有风，云彩舒展，神鹰翱翔，江河奔腾，他心中涌起万丈豪情。

四周的小邦及各部落的首领皆派遣使者前来祝贺，祝贺的方式多种多样，但多半都是以书信捎来祝福。各个小邦有不同的文字，书信的字体也千差万别。使者将书信呈给吐蕃大臣，大臣再递呈给松赞干布时，松赞干布心中的豪情一扫而光。

再小的政权都有文字，而如此强盛的吐蕃却没有自己的文字。松赞干布忽然觉得心中某处角落正在被腐蚀、被瓦解。时间只会无情地向前奔流，记忆又是全然不可靠，如若没有自己的文字，千百年后又有谁会记得雪域高原上曾出现过强盛的吐蕃，又有谁会记得松赞干布创造的辉煌功绩呢？

在之后的时间里，松赞干布将这番担忧暂时藏于无眠的黑夜，而将绝大部分精力都用于重整破碎山河，逐一征服周边小邦中。在征战过程中，松赞干布将自己的智慧与勇力发挥得淋漓尽致，以至于周边小邦纷纷归降，向吐蕃伸出友谊的橄榄枝。

然而，吐蕃越是强盛，他越能感受到精神的匮乏。况且，如若想让吐蕃永远屹立于雪域高原之上，驱逐臣民的愚昧无知，施行正大的法令，唯有创制文字方可。

松赞干布的执念如此之深，时时刻刻搅扰着他的心神。每过一秒钟，他对文字的渴求就会多一分，最终，他下定了决心：创制吐蕃自己的文字。

梦想如月，美则美矣，却难以接近。松赞干布深知文字无法凭空创造，只有先学习，掌握一地的文字、语法与知识，才能另辟蹊径，独创新的文字。他听闻岭南之天竺，幅员广阔，民风淳朴，文化底蕴也颇为深厚，派聪慧之人前去取经，是再好不过的选择。

于是，在第二天的议事会上，松赞干布宣布了挑选一批人去天竺学习文字的决定。大臣们听到后，议论纷纷，皆说天竺道阻且长，又多诡谲之事，派人去天竺学习怕是不妥。唯有吞米·阿鲁默不作声。

松赞干布看到静默的吞米·阿鲁，便问他有何见解。吞米·阿鲁稍稍犹豫后，便躬身说道："吐蕃日益强盛，文字必不可少。通往天竺之路，虽然遥远艰险，但并非不可抵达。只要派遣心智成熟、聪慧灵敏之人前去，定会有所收益。"

松赞干布听罢站起身来，击掌称好，大殿上的议论声也随即停止。松赞干布接着询问吞米·阿鲁对于派遣何人前往天竺有何高见，吞米·阿鲁不知为何，忽然想到趴在窗户旁等待自己回去的儿子。那一刻，他的额头上渗出了细密的汗珠。大殿上静谧无声，松赞干布与其他大臣都在等他回答。他恍然醒悟过来，连忙说出许多聪慧之人的名字，唯独没有提及吞米·桑布扎。

然而，有些事不是想阻挡就能阻挡得了的。人世间最难违背的，从来都是命运。曲折漫长的小径正蜿蜒铺至吞米·桑布扎的脚下，凛冽的风也正带来远方的讯息。

父子抉择

世人哪有选择的权利呢？说得坦白一点，那不过是在放弃罢了。

当选择夜之星辰时，便意味着放弃了昼之阳光；当选择平坦笔直的大道时，也就意味着放弃了曲径处的幽美景致。上苍有一杆公正的秤，蜉蝣一般的人类之所以命运不同，不在于上苍偏心，而在于自己的情致倒向天平哪一端。

可以确信的是，天平的砝码，始终掌握在自己手中。

天空已阴沉许久，却迟迟没有下雪，像是在与谁执拗地对抗。

吞米·桑布扎趴在窗子前，仿佛已经预料到了什么似的，从早起就开始等待父亲归来。气温骤降，深秋转眼间就跨越到了隆冬，尽管屋里生了火炉，寒气还是不断地涌进来。母亲几次让他到火炉前取暖，他都置若罔闻，固执地、眼巴巴地在窗子前等待父亲。

透过窗子，吞米·桑布扎的视线可以穿过院落，一直抵达大门。这样父亲一回来，他便能第一时间看到。然而，他不知道的是，他的父亲今日并不会像以往回来得那样早。

逻些城的街道，比以往任何时候都冷清。几个巡逻的士兵蜷缩着身体杵在主要街口，偶尔走过一两个叫卖的小商贩，也在眨眼的工夫消失得无影无踪。倒是寻常百姓家里，人们正围着生好的炉火有说有笑，仿佛不知屋外之寒。

议事结束后，大臣们纷纷离去。吞米·阿鲁胸中仿佛有烈火燃烧，噼啪作响，又仿佛是江河奔腾，汹涌澎湃。他看向松赞干布那带着英豪之气的脸，忽然想起在家中等待自己回去的吞米·桑布扎。那个瞬间，他感到天旋地转。

冥冥之中，自有天意。不可违背，也不能违背。

他身体颤抖，刚要退出大殿，便听到松赞干布叫他的名字，让他留步。其他大臣带着嫉妒之意不情愿地离开，而吞米·阿鲁则是战战兢兢地留下来。

大殿内富丽堂皇，因生了炉火而显得格外温暖，但这温暖始终无法驱逐吞米·阿鲁心中的那股寒气。松赞干布想要与吞米·阿鲁再斟酌一下即将远赴天竺的人员，毕竟创制文字关系吐蕃之根基与未来，也关系出行人员生命之安危，万万不可大意。

吞米·阿鲁的脑中又一次出现了吞米·桑布扎的身影。吞米·桑布扎出生时骤然放晴的天空，他不经意间显露出的聪慧，询问政事时成熟的天真，像胶片显影一样越来越清晰。然而，吞米·阿鲁深知远行学文创字的艰难，此去之人极有可能不复返，所以他宁愿做一个不合格的大臣，也不要做一个狠心的父亲。

因此，直到与松赞干布的单独谈话结束，他也没有提及吞米·桑布扎的名字。或许，这会换来赞普与吞米·桑布扎的埋怨，但他心甘情愿承受这份不被理解的苦楚。

看到吞米·阿鲁走进大门的那一刻，吞米·桑布扎欢呼雀跃起来。他在屋里旋转着跳舞，舞姿伸展，仿佛在与上苍对话；口中哼的歌没有词只有曲，是很久很久以前的歌。这让坐在一旁的母亲惊讶至极，以至于不小心将细针扎到了手指上。这首歌，她并没有教过他。

吞米·阿鲁推门进入屋内，与妻子默然对望，眼神之中流露出的两难与矛盾，像是涨潮后的广阔海域。憋了许久的天空，像是泄气一般，纷纷扬扬地飘起了雪花。一刻钟的光景，院落里就成了白色的世界。

白色是最有想象力的颜色，也是最具包容性的颜色。它不排斥任何颜色，却永不会失去自己的格调。在白色的世界里，一切可以保持原型，也可以全部推倒，洗牌重来。

万物有灵且美。这其中，最具灵性的莫过于聪慧的人类。没等父亲将披风脱下来，吞米·桑布扎便拽着父亲的衣角问他为何这么晚才回来，是不是发生了大事。

父亲把披风脱下，递给妻子，然后便长长地叹了一口气。他知道，任何解释都无法糊弄这个心智全然成熟的孩子，所以他只能保持缄默。缄默，让所有猜疑都闭口不言，让所有想象都具有存在的空间。除此之外，吞米·阿鲁找不到更好的方法去面对儿子。

吞米·桑布扎并不木讷，看到父亲一言不发，已然明白必有大事发生，而且那件事多多少少牵扯到了吞米家族。既然父亲不说，他也就不再追问。他要给自己留下一点余地，留下一些空白，这样才能在恰当的时刻填充自己真正需要的东西。

一夜之后，雪深一尺，古树上最后一片叶子不知去向，常来庭院逗留的飞鸟也不见踪迹。

阴云已经散去，天光照在积雪上，晃得人睁不开眼睛。吞米·阿鲁披上御寒的风衣，头也不回地走出大门，尽管他知道吞米·桑布扎的目光始终追随着自己。

雪停之后，是最寒冷之时。而在逻些城里，更让人感到寒冷的是离别。那些被选中的人，要背负着松赞干布交付的使命离开这里。

吞米·阿鲁看着那些人挥别自己最亲的人，朝着西方一步步走去，眼中不禁湿润起来。此日一去，不知何日返回。况且这天寒地冻，飞雪漫天，远行之人不知要受多少苦。

苍穹辽阔，天地寂静。昼夜交替，逻些城迎来了格桑花绽放的春日。然而，城内的温度并未大幅度回升，吹在脸上的风仍有刺骨之感。

这段时间，松赞干布每日处理完政事后便会不自觉地陷入沉思，有时望着窗外一言不发，有时在室内来回踱步，有时喃喃自语："寒冬已过，为何还没有消息传来？"

死寂，无声。这是比死亡还要让人绝望的空虚之感。如若再无零星消息，松赞干布觉得自己会窒息。

终于，午后，一名侍卫求见。松赞干布急忙传召，但当他看到侍卫脸上的风尘时，便已明白多日来的担忧终究变成了残酷的现实。他放慢脚步，一步步走到侍卫面前，将他扶起。那一刻，他心中某个地方仿佛被切开了一道口子，疼痛瞬间席卷了他的每一寸肌肤。

"无一人抵达天竺，皆死于途中。"这是松赞干布听到的最为恶毒的咒语。

之后的几日，他不议事，不思茶饭，只是呆坐于床前，看白云舒卷，看群鸟飞过。悲伤之际，他甚至觉得天意如此，不想再创制属于吐蕃的文字了。可是，历经沧桑的吐蕃，已经不允许松赞干布后退一步。

越是艰辛的路，越有绝美的景致；越是遥远的地方，越有意外的惊喜。吐蕃必须有自己的文字，如此，那些叱咤风云的过往，才不会在时间的腐蚀中被风干。

在这个世界上，最令人害怕的不是死亡，也不是挫折与失败，而是誓死的决心。因而，他化悲痛为力量，决定由大臣举荐合适的人选，再次出发去天竺。

这一次，吞米·阿鲁推荐的出行人员中，又没有吞米·桑布扎的名字。其实，他何尝不知，吞米·桑布扎才是最合适的人选。

学文创字，最为紧要的便是聪慧，这一点吞米·桑布扎生来便已具备。去往天竺之路漫长艰险，非有毅力之人不可达，这一点吞米·桑布扎也具备。

然而，吞米·阿鲁还是希望自己的儿子能平稳地度过少年时光，做一个能体味凡尘之乐、平庸之福的人。

这样的抉择，他付出的代价是安稳的睡眠、儿子的信任、松赞干布的宏志。

只是，该来的还是会来。

夕阳渐渐隐没于江河中，天边的暮云镶上了金边，今日的一切即将消失于夜色中。明日，又是新的一天。万物苏醒后，又会野蛮生长。

春回人间

夜幕降临，静得没有一点声响。忽然，有几只迷路的飞鸟，慌乱地撞上了宫殿的城墙，扑腾几下翅膀，抖落出几丝仓皇的啼鸣，又兀自飞远了。

不知从什么时候开始，吞米·桑布扎发现周围的一切都变了。父亲不再健谈，母亲做针线活时也很少哼那些没有词的歌了。高声谈话与欢声笑语，仿佛都成了不成文的禁忌。就连家中与他最亲近的老仆人，目光落在他身上时，眼里也盛满了不知名的悲伤。

窒息般的沉默，死结般的疑问。吞米·桑布扎不再像往常那样等着父亲回来给他讲吐蕃政事，也不再与闯入家中的小伙伴去河里捉鱼，而是像家中所有人一样变得沉默，什么都不说，什么都不问。

如果说有什么未曾改变，或许就是庭院中的那棵古树了。它如常开枝散叶，全然不顾凡尘光阴是寂静萧索，还是喧闹热烈。吞米·桑布扎时常独自坐在古树下，透过浓郁的枝叶望向广袤的苍穹。天空中的云彩千姿百态，或是舒展或是堆叠，他未能从中找出任何破绽与答案。

年少时光，从来都如锦缎一般，绚丽斑斓。即便有几次阴雨与疾风，因知晓晴日终究会来，也带着几分明快的色泽。彼时之心，犹如一个自带过滤与美化功能的容器，将悲伤与疼痛全部过滤掉，将欢愉与怡然统统揽入囊中，甚至一遍遍为那些愉悦之事上色、渲染，将其美化为再不可多得的好时光。

而吞米·桑布扎并不满足于这种毫无重量的快乐，也不愿自己的生命只在平庸中消磨。他希冀有父亲那样的韬略，有松赞干布那样的智慧，能为吐蕃的发展贡献一份力量。哪怕生命就此终结，那也是震撼世人的惊叹号。

夜色渐浓，月光渐明，清风携着刚绽放的格桑花的香气撞进屋内。未眠的吞米·桑布扎索性掀开薄薄的毯子，披上一件抵挡凉风的外衣，向庭院走去。

吞米·桑布扎并不知道，他出去时，门"吱呀"一声轻响，惊醒了浅眠的父亲。古树的枝叶摇碎了月光，疏影横斜在洁白的院墙上。吞米·桑布扎置身于格桑花馥郁的芳香中，看着这在风中摇曳的疏影，心中某扇紧闭着的门忽然打开。浓密皎洁的月光渗进来，瞬间将其内的暗影驱散干净。

这时，他的视线恰好落在古树下一株刚发芽的小草上。古树的枝叶如此蓬大，少有植物存活于其下。一株草何其渺小，却仍吸取天地之精华，赴生命之约。

他心中的阴霾顷刻被风席卷而去，取而代之的是通透与澄明。他慢慢蹲下身去，用手抚摸那株小草，对着它喃喃自语："我也会搬开挡在前面的石块，去完成自己的使命。"语毕，眼中竟溢满滚烫的热泪，滴滴落在小草上。

父亲站在窗前，看着他的一举一动，心中酸涩与欣慰交织缠绕。他劝慰自己："压在胸中的石头终于可以放下。小吞米的羽翼已经丰满了，该去寻找自己的天空。"

那一夜，吞米·桑布扎和父亲都睡得格外沉静安稳。

每时每刻，万物都在生长。纵然生长的方式，或野蛮，或坚忍，或轻柔，或沉静，它们都竭力在下一时刻呈现更接近完美的姿态。

历经漫无边际的寂静黑夜，走过死一般的漫长隧道，在重见人间色彩与光明时，终会让飘零与绝望之心回归本真、回归自我，如此，才不会辜负那些时日受过的肌肤之苦、精神之痛。

松赞干布不断收到出发去天竺学文创字之人的消息。他们或是死于途中，尸首被风沙掩埋；或是畏惧前路，中途而返。也有意志坚定、身体强壮之人抵达天竺，但又因缺乏智慧，而无力完成使命。

第一章 心中的宏愿：金殿上的赞普之梦

松赞干布在沧桑时日中窥见自己的本心，决然要创制属于吐蕃的文字。即便失败千次万次，他也不会向后退一步。因而，他再一次做出派人去天竺学习的决定。所不同的是，此次前行之人必须经过严格甄选，且要通过重重考验方算合格。前两次挑选人员时，太过鲁莽，也太过盲目，不仅让诸多家庭永远离散，也让创制吐蕃文字的宏愿毫无进展。

因有了前车之鉴，松赞干布不再轻率行事，而是奉行严苛之准则，对着靶心一击射中。他的眼中散发着太阳之光，像是要驱逐天下所有角落里的阴影与黑暗。

吞米·阿鲁深知，不管选拔再怎样严苛，吞米·桑布扎都会闯过重重难关，获得去天竺学文创字的资格。他默不作声，静静等待着松赞干布将选拔的规则一条条说清楚。

规则冗长，每一条都是险关。大臣们交耳私语，皆言恐怕无人能通过考验。而吞米·阿鲁全然不顾周围之人如何议论纷纷，只是闭上眼睛，与自己的内心进行最后一次较量。自从那晚看到吞米·桑布扎在庭院中的行为后，吞米·阿鲁便下定决心为儿子松绑。但想到日后他将遭受的苦楚，吞米·阿鲁难免体味到蚀骨之痛。

松赞干布说完选拔的全部规则，便静等大臣们推荐合适之人择日接受考验。窃窃私语的大臣们立即住声，俯首不言，大殿之上一时间变得极其安静。松赞干布以智慧之眼扫过每一位大臣的面容，最终将目光落在吞米·阿鲁脸上。

"吞米，此次出行关系重大，你是否有合适人选？"松赞干布站在大殿台阶上，其声音浑厚有力，回荡于整个大殿中。

吞米·阿鲁深感震撼，知晓赞普创制文字之意已决。他俯首躬身，郑重说道："微臣此次只为您推荐一个人。"

"何人？"松赞干布的声音忽然为之一颤，虽不知吞米·阿鲁推荐之人是谁，却仿佛已看到冥冥之中散出的文字光芒。

"鄙人之子，吞米·桑布扎。"吞米·阿鲁一字一句，终于说出这个在他心中徘徊已久的名字。他何尝不想在松赞干布第一次问他时就说出自己儿子的名字，但他始终无法忽视一个父亲与生俱来的保护孩子的本能。

事到如今，了解到松赞干布欲书写历史的宏愿，也感知到吞米·桑布扎对广袤蓝天的憧憬，吞米·阿鲁只能放开手中紧握的绳子。

松赞干布听到吞米·桑布扎之名，心中仿佛有惊雷炸开，震荡感如此强烈，以至于他必须即刻坐下方能支撑自己的身体。松赞干布大口大口地喘息，像是要将胸中连日来积存的阴霾全部吐出。

贴身侍卫上前询问是否叫人来诊治，松赞干布摆手拒绝。诸位大臣则如同受惊的马匹，看到忽然失控的松赞干布，个个惊慌失措。当然，大臣们在仓皇之余，也不忘疑惑地看向吞米·阿鲁。吞米·阿鲁则淡定如初，仿佛早已预料到松赞干布会有这样失常的反应。

天地有灵，有些事早已命中注定。如若不在此时此刻发生，必定会在彼时彼刻降临。松赞干布将胸中阴霾全部倾吐而出，定定地看向吞米·阿鲁。吞米·阿鲁也以笃定之眼神给予松赞干布回应。

"你可舍得？他可愿意？"松赞干布平静地问道。

"这是他自己的选择。"

一人站于台阶之上，一人立在台阶之下，他们谁都没有再多说一个字，却已在对望中达成了一条不容悔改的契约。

逻些城的春日，色彩斑斓。姑娘们褪去臃肿的衣饰，丰盈的身姿又是一道绚丽的风景。一切都像是从漫长的睡眠中苏醒了似的，迫不及待地张望着这个重新鲜活起来的世界。

同时鲜活起来的，还有吞米·桑布扎那颗沉寂了一冬的灵魂。村里的小溪解了冻，古树又稀稀疏疏地长出了新芽。吞米·桑布扎正在院落里照看花草，看到父亲迈着坚定的步子走进大门，便扔下手中的锄具，像很久之前那样蹭到父亲面前。

父亲笑着抚摸吞米·桑布扎的脸颊，眼中浮现出千重笑意、万重不舍。吞米·桑布扎就那样仰面看着父亲，期待他说些什么。

光阴如水流动，枯枝酿出新芽。属于远方的人，终要启程。

第二章

走出雅砻河谷：眺望西边的神秘佛国

　　来自雅拉香波山雪峰的坚冰在艳阳和地势的作用下一路东进，逐渐融成清澈的急流，冲击形成雅砻谷地——藏文明的发祥地。藏族先民在这片神奇的沃土上自给自足，然而总有一些心胸和格局更为宽广的人，他们的目光透过常年被白雪覆盖的冈底斯山脉，一直延伸到山脉另一端：漫长的干旱和短暂的湿润在那里轮番上阵，始终不变的却是常年的酷热和香火流传的佛教。似乎因为对精神性的无上推崇，这个西边的神秘佛国从不为自己立传，这对冈底斯山脉另一端的人们来说，无疑具有巨大的诱惑力。

酥油灯点燃的漫漫长夜

春日，傍晚，溪水叮咚作响，清风里飘荡着格桑花的味道。

夕阳慢慢隐于雪山之后，吉曲半是瑟瑟半是红。贪玩的孩子们像鸟群一样纷纷归家。年迈的老人仍坐在自家门前光滑的石块上，漫无目的地看天空中瞬间变幻的非凡色彩。

吞米家中的老仆人在屋内点起了酥油灯。微风吹过来，酥油灯忽明忽灭，给人以恍惚之感。吞米·桑布扎的母亲哼起很久之前的歌，旋律轻盈却又带着一丝庄严，像是大地之神歌，像是灵魂之写照。吞米·桑布扎静默无言，闭上眼睛用心感受这不可诠释的绝妙之感，不动声色地将跳跃着的音符记在心里。

夜色一寸寸加深，犹如极具禀赋的画家在描一幅夜间水墨图。夜色愈浓，愈是阒静。

平日里，吞米·桑布扎最喜欢吃母亲做的糌粑，每次，只要老仆人将糌粑端上木质餐桌，吞米·桑布扎便如饿了好些时日的流浪者一样，忙不迭地拿起糌粑就往嘴里送。然而，那一日，风声呜咽呼啸，酥油灯欲明将熄，吞米一家人围桌而坐，却未动碗筷。老仆人站在旁侧，不时地要吞米·桑布扎多吃点，说着说着声音里竟带了哭腔。

那是一顿漫长的晚餐，从黄昏一直延续至深夜。

沉默，往往比嘶吼更具张力。在沉默中，每个人都需要与无边的时间对抗，与冗长的寂寞对峙，甚至必须时刻接受来自心灵的诘问。在这个过程中，每过一秒钟，都仿佛过了一个世纪。

有太多的话想说，想倾诉给至亲至近之人，却仿佛失语一般，什么都说不出口。无数次，有些话已经冲至嘴边，却不得不将其憋回腹中，只因他们无法承担亲人泪水的重量。在万物面前，他们都是坚韧的、刚强的、睿智的，唯有在亲人面前，他们便顷刻低到了尘埃里，脆弱、敏感，甚至易碎。

酥油灯流着泪燃尽了，屋内一时间陷入深不见底的黑暗之中。月光惨淡，照不亮每个人的眼睛。父亲的呼吸声沉重而粗犷，母亲的呼吸声急促而微弱，因为爱得太深太切，他们的心忽然变得狭窄而逼仄。

老仆人打了一个盹醒来，发现主人屋内漆黑一片，慌忙起身重新燃亮酥油灯，并在忙活时不停致歉。然而，并未有埋怨声进入她耳中。主人们是那样感激这难得的黑暗，情绪不用伪装，悲伤无须遮掩。

黑暗让每个人都卸下了防备，摘下了强颜欢笑的面具。在那一小段极其短暂且珍贵的时间里，不知为何，他们那颗因爱而封闭的心，又因爱而敞开。酥油灯燃亮了整个夜晚，月光装扮了整个庭院，再漆黑无助的深夜也有美感。所以，不必绝望，之所以有阴影，是因为有光源存在。

吞米·桑布扎的嘴角开始上扬，酥油灯的光打在他的脸上。他是那么聪敏，这样的人怎会屈服于平庸的生命，怎会沉寂于琐碎的日常？他出生时，积云散开，天光集聚，已为他非凡的人生指明了方向。

吞米·桑布扎看着父亲的眼睛，郑重且庄严地说道：

"我要接受赞普的考验，去天竺学习。"

语言不是从嘴出，而是由心出。每一个音的倾吐，都像是一种不容悔改和动摇的宣誓。木质窗子"吱呀"一声被清风推开，清凉的月光与青草香一同涌进屋内，好似在为这份宣誓佩戴桂冠。

父亲知吞米·桑布扎心意已决，却故意说道："赞普的考验难度之大，前所未有，你可有信心与胆识过关？"

"我愿意一试。"话不能说得太满，凡事要给自己留三分余地。吞米·桑布扎年岁不大，却已深谙此理。

父亲将酥油灯拨了拨，火苗又旺盛起来。借着火光，他看清了吞米·桑布扎双眼中灼烧着的渴望，以及脸上那股子势在必得的胆气。他站起身来，慢慢地走向窗边。空中星辰闪耀，银河无边，他不禁感叹，世间到底隐藏着多少奥妙？

背对着吞米·桑布扎，父亲又问道："是否需要为父帮忙？"

"多谢父亲，但我希望靠自己去完成。"

"那么，你是否已经做好了准备？"

"自出生之日起，我便开始准备。"

"或许，你将会一无所获。"

"我自当尽力，也愿意承担一切后果。"

父子俩的谈话至此而止，谁也没有再多说一句。明月照心，一切都已袒露。

吞米·桑布扎拿起父亲的披风，起身为他披上。以前他总觉得父亲高大强壮，如今才知自己已与父亲一般高。那些走路磕磕绊绊的日子，就这么不留痕迹地被丢在身后。

父亲觉察到肩上的披风时，心头犹如暖风过季，但他并未回头，而是顺势拍了拍吞米·桑布扎搭在自己肩上的手。在时光的打磨下，那双手指节突出，坚韧有力。

吞米·桑布扎转身走向自己的房屋，在迈出门槛时，突然回过头来对着母亲轻声说道："母亲，不要担心我。"

母亲低着头，没有回应，眼泪如暴雨肆虐。

不可挽留。吞米·桑布扎的父母，只能看着他一步步走向远方，身形一点点变小，直至消失于旷野之中。

子夜已过，酥油灯渐渐熄灭，吞米·桑布扎仍未入眠。明日便要离开这个古老的村落，跟随父亲去逻些城，接受松赞干布的考验，他难免心潮澎湃。只是，在这深不见底的黑暗中，在黎明似乎永远不会到来的夜里，他的脑中时时浮现父亲那满载忧郁和悲伤的眼神，以及母亲未能压抑住的抽泣。

偌大世间，每时每刻都有一些人在与另外一些人告别，而后独自踏上漫漫长路。然而，人们最不擅长做的事，竟还是告别。

仿佛过了亿万年那般漫长，天际隐约出现黎明之光。这一夜，总算是熬过来了。听觉、视觉、嗅觉，以及心跳，在顷刻间恢复，重新接收世间万事万物的讯息。吞米·桑布扎躺在被微光环绕的清晨中，觉得生命异常灵动。

赞普的终极考验

又是一个春日清晨，庭院中的景致与昨日并无不同，但一夜过后，好像一切都改变了。

吞米·桑布扎久久地站在那棵又长出新芽的古树下，看着满院子的花草，心中感慨万千。时间的流逝真是让人悲伤的事情，当时不留痕迹，猛然发现时已来不及珍惜。十几年的光景，一眨眼的工夫就成了回忆。

他穿上母亲连夜赶制出来的新衣，在母亲面前跪下，郑重行礼。母亲躬身将他扶起后，紧紧将他拥在怀里。吞米·桑布扎依偎着母亲，感到温暖适意，像是回到了小时候——他与同伴在村中各个角落里疯跑，累得满头大汗，回到家后就钻进母亲柔软的怀抱，在母亲的歌声中渐渐睡实。

走出家门时，吞米·桑布扎没有回头。与其拆穿彼此的悲伤，不如让自己独自承担那份无法稀释的疼痛。既然无法改变分离的结局，又何必踌躇与迟疑。

吞米·桑布扎与父亲并肩朝逻些城走去，两人之间并没有交谈，但也不觉尴尬。行至那位仿佛能洞见天机的长者家门口时，吞米·桑布扎忽然停下，示意要进去看看长者。父亲看着恰好从空中飞过的一只神鹰，点头默许了吞米·桑布扎的请求。

那位老者明显刻意梳洗过，好似已经预料到吞米·桑布扎定然来访。一老一少相对而坐，并不刻意寒暄，而是轻描淡写地说起空中的云。云永远没有固定形状，微风吹过便可以变幻出万千姿态，而且每一种姿态皆在意料之外。当它们倒映在吉曲中时，就有了流淌的动感。

吞米·桑布扎站起身时，老者并未相留，而是有意无意地说道："云朵里藏着一万种可能。"

第二章　走出雅砻河谷：眺望西边的神秘佛国

阳光热烈，河水荡漾。一千种梦想与一千只神鹰，腾空而起，飞扬在逻些城的上空。一切都是质朴的明亮，一切都是极简的笃定。

时间不着痕迹地行走，吞米·桑布扎与诸多候选人分别接受松赞干布的考验。大臣们窃窃私语，皆言要求过多，即便有人聪慧至极，也难以过关。

确实，候选人员有的太过木讷，有的缺乏自信，有的畏惧日后苦痛，有的想走捷径。少有人像吞米·桑布扎一样，目光如炬，燃烧炽烈之光，心神凝聚，积蓄万千力量。甚至与松赞干布对视时，吞米·桑布扎眼中也毫无畏惧之色。

每过一个时辰，就有几个人被淘汰。情势如将欲离弦之箭，如暴雨之前夕，愈来愈触人心弦。松赞干布早已注意到身形坚韧的吞米·桑布扎。在每一次考验中，吞米·桑布扎并非总是表现最为出色的那一个，但他永远是最为信任自己的那一个。松赞干布几次朝吞米·阿鲁看去，他都卑而不亢地向松赞干布点头致意。

太阳升至中天，万物无可遁形。几名候选人因饥肠辘辘而意志靡顿，被淘汰出局。吞米·桑布扎在所有人皆没有耐心的时刻，反倒发挥出更让人惊叹的内在力量。他深知松赞干布设置这一题的用意：考验定力。这是最后一道难关，是最容易受蛊惑的难关，也是最容易让人放弃的难关。

此刻，聪慧与机敏统统无用武之地，唯有脱离自我之渺小，匍匐于朝圣路上。晌午已过，每个候选人面前都摆上了丰盛的美食与美酒，多半人在犹豫之后，最终伸出手去触碰玉露琼浆。而吞米·桑布扎明白眼前这一切都是心底挣扎着的欲望，是终会消失不见的虚妄。这是一场内功的较量，是比与外界的猛兽搏斗更为艰险的角逐。

选拔落幕，松赞干布宣布考验结束，并让身边的侍卫宣读合格者的名字。

阳光并不像午时那样热烈灼人，却依旧带着深沉的暖意，更让人觉得适意。吞米·桑布扎闭上眼睛，静静听风从耳旁掠过的声响，心中感知到某种来自远方的呼唤。呼唤声微小而渺茫，却带着一股韧劲儿，且从未间断过。吞米·桑布扎追寻着来自远方的意旨，觉得轻盈之心随时可以展开翅膀翱翔。

霎时间，他听到侍卫高声宣读自己的名字："吞米·桑布扎。"

吞米·桑布扎缓缓睁开眼睛，这一切皆在意料之中，因而他并未感到惊讶。他只是躬身向高高在上的松赞干布致意，并将目光落到父亲身上。父亲眼中满载骄傲与怜惜、认可与怅然，但他还是悄悄向吞米·桑布扎表示了赞赏。

那一日，连同吞米·桑布扎在内，共有十六名聪慧之人被松赞干布选中。这十六人将告别亲人，告别雪域高原，心无旁骛地朝远方走去。不管路途如何艰险，内心如何寂寞，他们都不能回头，更不能撤退。

侍卫按照松赞干布的吩咐摆好宴席，群臣与十六位优胜者皆在列。清风入席，让人倍觉清爽。松赞干布意气风发，将杯中酒一饮而尽。刹那间，击掌之声如雷轰鸣，赞扬之声络绎不绝。吞米·桑布扎在这般浓烈的氛围中，终于深切感知到吐蕃内在的豪气。

日后之路定当艰险崎岖，但他甘愿承受这一切。

在宴席之上，松赞干布注意到入选前往天竺之人或是因羞怯而未动碗筷，或是因过于饥饿而狼吞虎咽，唯有吞米·桑布扎一副云淡风轻的样子，坦然地面对眼前这一席佳肴。松赞干布放下手中的酒杯，假装不着意地说道：

"吞米·桑布扎，你如何看待这场考验？"

殿堂内的欢声笑语即刻销声匿迹，所有人将目光定于这个尚未成年的孩子身上。只见吞米·桑布扎稳妥地站起身，作揖答道："赞普看重耐力甚于智力。"

松赞干布内心震荡，却不露声色，继续问道："你又如何看待这场宴席？"

"我吐蕃兴事，自当庆贺，却也是为告别而置。"

松赞干布终忍不住连击三次掌，以示内心对吞米·桑布扎的认可与赞赏。

确实，既然选择这条路，就要甘心忍受告别之痛。告别坚毅的父亲、仁慈的母亲、强盛的吐蕃，以及纯粹的高原。

而吞米·桑布扎清楚，最难的还是与自己告别。先前那个稚嫩纯真的自己，那段锦缎般丝滑的时光，只是属于过去的一片轻盈的羽毛。它会自由自在、毫无约束地飞翔，却永远无法飞到未来的时空中。

吞米·桑布扎回过头看着那些在身后飞翔的一片片羽毛，轻轻地挥挥手，说了一声"再见"。

肩负向导重任

所有的苦痛中都隐藏着不可言喻的惊喜,所有的黑夜中都闪烁着不可计数的星辰。万物之中没有绝对的界限,而是在宇宙天体的运转中相互交叠与并生。

告别也是如此。如果不是那场惊动天地的告别,吞米·桑布扎永远无法看到高原以外的世界,无法探知世间之本相,更无法创造出记载岁月风尘的文字。如果他选择留下,吐蕃历史或许不是如今的样子,松赞干布或许只是一个被尘埃掩埋的赞普,而吞米·桑布扎或许也只是平庸无奇的无名之辈。

命运的安排,向来悲欣交集、喜忧参半。故而,当吞米·桑布扎决心远行时,就必须承担路途中所历之艰险,而这也意味着他的生命将因此而具有沉甸甸的力量。

那是一个清晨,天空蓝得一无所有,纯粹澄澈,仿如吞米·桑布扎那颗晶莹剔透、不掺杂质的心。天光平铺于空中,让人有种重生的晕眩感和梦幻感。

吞米·桑布扎与其他十五位具有功德之人在所有人的注视下,一步步朝远方走去。彼时,依照天竺的风俗习惯,求学之人若想有所成就,除却具有坚韧之精神、顽强之毅力,还需献上大量黄金。"我所供师的财物是不足的,上师的法是无尽的。"这已然成为一种不成文的风尚。因而,松赞干布也赏给吞米·桑布扎和他的同伴一升沙金及其他一些珍贵的慰问品,让他们带到天竺,以备求学之用。

有人甘愿一生清淡平庸，而有人则希冀命运精彩纷呈，在追寻之中见证生命奇迹。天光聚集，经幡舞动，雪域高原的每一天都好似重生一样。吞米·桑布扎与同伴带着整个吐蕃的殷切希望，在所有人的注目下，开始生命的新征程。

心脏以庄严之旋律跳动，双腿以肃穆之节拍迈进。在路上行走着的不只是他们十六个人，而是吐蕃所有的人。吞米·桑布扎走在最前面，背影坚定不移，如同一面永远不会倒下的旗帜。无论在什么时候，处于何种境地，他都如同一味镇静剂，让同行之人慢慢由惊慌失措转为淡然安定。

在前进途中，或许是为了避免消耗更多体力，或许是大家各自在与内心那个自己对峙，他们始终保持着死一般的沉默。风声穿堂而过，留下巨大的轰鸣，他们丝毫不为所动。除却向前行走，他们别无选择。

吞米·桑布扎看着前方那座雪山，巍然、高峻。每前进一步，雪山便比先前看到的更巍峨一点，从山上反射的光也更强烈一些。他不知道那座山的名字，只知道他们这十几个人要在不久之后与它周旋、与它抗争，并在战胜自己内心的恐惧，翻越雪山后，与它握手言和。

在行走的过程中，吞米·桑布扎总是回想起临行前一日松赞干布的嘱托。

那日傍晚，云朵姿态万千，色彩纷呈，吞米·桑布扎被宣召进殿。他坐在松赞干布恩赐的座椅上，内心时而平静如水，时而豪情万丈。松赞干布以好奇与欣赏的目光，上上下下打量着他，他则给予处变不惊的回应。俄而，松赞干布忽然大笑起来，笑声震宇，朗朗而动，像是在一场艰难之战后凯旋一般。

吞米·桑布扎内心震荡，却不露声色，静静等待着松赞干布说些什么。

松赞干布停止大笑后，单刀直问："路途险恶，随时会丧命，难道你真不觉恐惧？"

"会觉得恐惧，但并不会因此而退缩。"吞米·桑布扎的回答简洁而有力量。

松赞干布毫不松懈，又问："文字难学，此次之行，你是否有信心完成任务？"

"以生命盟誓，如一无所成便不归。"

"那么，吐蕃是否可以信任你，我是否可以信任你？"

"请耐心等待鄙人学成归来。"

"好！今日之言，自此生效。有生之年，定当遵守。"

吞米·桑布扎躬身叩拜，久久不起，以示诚挚心意。松赞干布走上前去，慢慢地将其扶起。

在吞米·桑布扎将要迈出大殿门槛时，松赞干布忽然说道："保自己周全，也要护他人周全。"吞米·桑布扎未答一字，而是郑重地点了点头。

走出宫殿，天色已浓。他看到父亲单衣着身，静静地站在风中。忽然之间，那紧绷着的情绪猛地迸发出来，他眼眶之中涨满泪水，喉结上下涌动。吞米·桑布扎原地而跪，一步步挪向父亲。父亲本能地想要去扶他，走了一步之后却又定在原地。他明白，这是儿子在向自己剖白真心。在这场告别中，他们都太需要表达，而不是隐忍着走出彼此的视线与世界。

并不长的距离，吞米·桑布扎跪着走了许久。跪至父亲脚下时，他双手撑地，深深叩头，说道："请父亲放心，孩儿定安然返回。"

夜晚的风，穿过单薄之衣，吹得人背脊发凉。浓郁的月光中，吞米·桑布扎与父亲并肩走回家。

天气阴晴不定，时而烈阳暴晒，时而大雨倾盆，时而冰雪封境。偌大的旷野中，连一只飞鸟的痕迹都没有。放眼望去，唯有天空中的浮云变换着不同的形状。

吞米·桑布扎走在最前面，为同伴们开路。行至艰险之地时，他也会停下来让同伴们先行通过，以保证他们的安全。在行走的过程中，有一位同伴已连续晕厥三次，伴随晕厥而来是腹泻与呕吐。另外几名同伴，或是偶感风寒，头疼难忍，或是疲惫过度，寸步难行。随身携带的药品已用去过半，而前方路途漫漫，不知何时方能抵达天竺。

在这般境遇中，同伴们难免生出退却之意。吞米·桑布扎决定暂且就地扎营，让他们在休憩中恢复体力与神智，并将自己的食物分送给他们。

四周寂静无声，吞米·桑布扎忽然唱起母亲常哼的那首歌。歌声嘹亮，又不乏温暖之感，旋律昂扬，又具抚慰心灵之效。同伴们的心逐渐由惊慌转为安定，身体逐渐由冰冷转为温热。夜幕降临，他们慢慢睡熟。

一夜过后，天空放晴。吞米·桑布扎和同伴们收拾好简单的行囊，启程上路。

前方险阻无数，而吞米·桑布扎已做好准备。远方，是他唯一的梦境与归宿。

风餐露宿三十余日

每跨越一步，便是对自我的挑战。天空阔远，大地无垠，高山叠起，沟壑难填，这一路上荆棘遍布，一个不小心，或许就会踏入鬼门关。白昼与黑夜的交替没有任何意义，万里晴空与冰雪封境亦是如此。摆在他们面前的，永远都是难以应付的艰难险阻，以及似乎永远都触碰不到的远方。

烈阳暴晒，吞米·桑布扎与同伴们行走于寸草不生的旷野之中，方圆几十里看不到任何一棵可以用来遮阳的树木，哪怕是几株低矮的灌木丛都难以寻见。吞米·桑布扎的汗水顷刻间漫上额头，继而渗透到背脊，后又流遍全身。

汗水不断蒸发，意味着体力在持续消耗。如此下去，或许熬不到傍晚，他与同伴们便会因体力透支而挪不动脚步，甚至会中暑而亡。前方除却空旷到天尽头的荒野，以及那悄然滋生的孤独与寂寞，没有任何事物。天地之大，让人震颤战栗，而他们比蜉蝣还要渺小，还要微不足道。

走在队伍最前面的吞米·桑布扎擦掉滴落到眼睛里的汗水，回过头看艰难行走的同伴们。尽管他在转身之前已经做好坦然面对的准备，但当看到同伴们眼皮下垂、嘴唇皲裂、脚步踉跄的样子之后，如铠甲一般坚固的内心仍不可避免地感知到某处角落在慢慢塌陷。然而，作为一支队伍的核心，他只能将无助与绝望之感藏在内心最深处，将希望与胜利之光辉，清楚明白地写在脸上。

于是，他在原地站定，使尽全身力气对同伴们说道：

"日光强盛，寸步难行。但肩上有创造文字重任，背后有赞普注目，必不能倒下。胜利之蜜藏于艰险之途，凯旋之日隐于苦痛之髓。再向前一步，即是希望之绿洲。"

吞米·桑布扎的每字每句皆是肺腑之言，回荡在如死一般的荒野中，声声令人震撼。旷野沉寂无风，但每个人心间仿佛有风吹过，头上仿佛有古树遮阳。吞米·桑布扎站在队伍外侧，让同伴们先行向前走。每当有同伴走过他身旁时，他都以并不宽大却足够有力的手掌拍拍对方的肩膀，并向其投去笃定且信任的目光。

心有清泉流过，在旷野中艰难行走的每个人，皆在吞米·桑布扎的鼓舞下，变成了具有完整人格的自我。烈阳的火舌，凝滞的空气，不过是犹疑内心的征兆。当信心重新建立起来时，那些虚妄的艰难险阻也便因此而土崩瓦解。

队伍又重新开始跋涉，像刚刚启程时那样意气风发。吞米·桑布扎走在队伍的最后，思绪翻飞如海浪一般。母亲做的糌粑，父亲宽厚结实的肩膀，村落中静谧雅致的风景，时时牵动着他的思绪。雪域高原的景致，渐渐成了一种只可惦念却无法触碰的回忆。而临行前，松赞干布那句殷切之语，仍旧冒着新鲜的热气。

松赞干布说道："保自己周全，也要护他人周全。"

松赞干布说过数不清的话，也发过数不清的号令，但唯有这句话，让他有了属于凡人的姿态，有了属于红尘的牵挂，也有了属于俗世的温度。正是这句被松赞干布轻描淡写的话，在吞米·桑布扎心中的分量最重。

唯有保全这支队伍，生命方能如河流动。吞米·桑布扎看着无边旷野，终于知道路途是怎样艰险，肩上的任务是怎样沉重。

天色被摆弄丹青之人晕染，逐渐变得浓郁，烈阳终于沉浸于地平线以下。但是吞米·桑布扎与同伴们并没有停下脚步，而是加快了前行的步伐。月光慷慨，毫无保留地平铺在旷野中，照亮了他们跋涉的路途，也抚慰了他们伤痕累累的心灵。

太过疲惫的时候，吞米·桑布扎就和同伴们就地扎营，休息片刻。休息过后，再开始跋涉。如此反复，直至抵达既定的远方。这一路上，吞米·桑布扎带领同伴们翻过积雪覆盖的冰山，涉过波涛汹涌的江河，走过没有一条小径的灌木丛，穿过寸草不生的沙漠；这一路上，有倾盆大雨，有暴晒烈阳，有鹅毛大雪，有狂风呼啸，也有阴云密布……每一个人都要接受这瞬息万变的地域与天气。

吞米·桑布扎明白，这是一场没有硝烟的战争，所过之地皆是战场。而最凶悍的敌人，不是荒无人烟的原野，不是极其恶劣的天气，而是深藏于内心那个充满犹疑、时有退缩之意的自我。故而，在坐下来休憩的时刻，他会单刀直入地考问自己：

"行走多日，尝尽苦楚，是否想过退回去，在村落里享受最平庸的幸福？"

"绝望无孔不入，倒是时时想起无忧无虑的少年时光。"

没有得到答案，他继续挖掘。

"想念先前，为何不转头返回？"

"肩上有重托，不忍辜负世人期望。"

"你可知专注方能有所成就，动摇对万事无益？"

"明白。但过程太过艰辛，同伴多有退缩之念。"

"你为核心，核心不倒，他人便可坚守阵营。"

"我已了悟于心。"

"一路凶险，要笃定远方并不遥远。如若质疑，定是用心不专。"

"我明白，后路闭合，唯有前行。"

"唯有前行。"吞米·桑布扎将内心那束闪着微弱火苗的后退念想掐灭。在以天为盖、以地为席的境遇之中，他慢慢闭上眼睛，享受从未有过的安心静谧。

一路上，四季并不分明，雨雪随时袭来。吞米·桑布扎与同伴启程时所带的粮食已所剩无几，水囊也快空了。时日已一月有余，天竺还在遥不可及的远方。而同伴中有几人已身染疾病，若不就地休整两日，他们或许会因此身亡。

吞米·桑布扎虽肩负重任，但也知晓生命是万物之源，唯有延续下去，梦想与希望才有寄托。因而，他先放下行李，示意患病的同伴养病，未染疾的同伴养精蓄锐，为下一段波折的路程做好充足的准备。

同伴们皆深深呼出一口气，为这难得的休憩时间暗自欢呼。而吞米·桑布扎安顿好同伴后，又拖着疲惫之躯走向远方，他想为大家寻一些可以入口的食物和水。

同伴们看着吞米·桑布扎那渐行渐远的身影，终于明白笃定的深意。

夜色渐深，月光铺洒。无论何时，光源皆存在。

冈仁波齐峰巡礼

尘世中，唯有闪着亮光的梦想与希望，暖如永不结冰的温泉。将自己放逐在空无一人的绝望境地中，不过是为了褪去欲望的外衣，让负重的心在烈火中充分灼烧锻造，在艰涩与痛楚中变为一堆毫无杂质的灰烬。

灰烬不知何为欲望、何为虚妄，它只是依照心之旨意，涅槃重生。

旷野无垠，仿佛没有尽头。吞米·桑布扎静静闭上双眼，将路途中的艰辛与心底时而冒生出来的无望狠狠地摁下去。在某些境遇中，唯有对自己无情，方能换来希望的慈悲。更何况，吞米·桑布扎从未想过原路返回。

从启程之日算起，他与同伴们已风餐露宿三十日有余。由于同伴们体力不支，中暑难行，不得不在旷野中耽搁了两日。有时候，停下是为了更好地远行。对于吞米·桑布扎而言，他不允许任何一个人永远地留在旷野之中。

这种信念来自临行前松赞干布的嘱托，更来自他对生命的负责。吞米·桑布扎始终秉持着这样一种信仰：生命只有在不羁中死亡才有意义。病痛的吞噬，恐惧的摧残，甚至是饥饿的折磨，都不该让绚烂的生命付出一丝一毫的代价。

休整两日后，同伴们神采奕奕，犹如在风雨中重生而出的叶片。吞米·桑布扎示意大家继续前行。风尘扬起，逐渐将他们的脚印掩盖，仿佛从来不曾有人穿越此处。天光强烈，让人难以睁开眼睛，但他们明白路不在眼中，而在心里。

在吞米·桑布扎的带领下，这支经历过太多风雨的队伍，已经不惧沧桑岁月。生与死皆是身外之事，梦想与希望亘古永存。

那是一个黎明，太阳仍隐藏在层层乌云之后，只有少许天光泻在大地上。吞米·桑布扎觉察到光源所在，渐渐从熟睡中醒过来。他轻轻走过同伴身边，走出临时搭起的帐篷，准备去稍远一点的地方寻些可以果腹的食物。

看向前方的一瞬间，吞米·桑布扎内心那一处紧紧关闭着的角落，顷刻间被亮光填满。他震颤着双膝跪地，向天地致意。与绝望周旋如此之久，吞米·桑布扎终于看到了希望之光。忽然，他大声地哭泣起来，为路途的漫长艰辛，也为与梦想的接近靠拢。同伴们听到哭声，纷纷起身簇拥到帐篷外。当他们看到不远处的那座西北—东南走向的雪山时，也压抑不住内心的震动，以眼泪诉说悲喜交集之感。

吞米·桑布扎久久地望着远方那座光芒四射、灿若王冠的高山，多日来的疲惫与倦怠渐渐消失于风中。那座山便是天竺人、泥婆罗（今尼泊尔）人所认为的湿婆①的乐园——冈底斯山脉。

人人皆知水是生命之源，却少有人知晓河流总是发源于山。冈底斯山脉孕育了狮泉河、象泉河、孔雀河和马泉河这"四大圣河"。而每一条圣河皆滋养着一方生命，孕育着灿烂的文明。因而，印度教、苯教、古耆那教以及藏传佛教皆将冈底斯山脉视作宇宙的中心。冈仁波齐峰作为冈底斯山的主峰，则更具无法言说的美丽与传奇。

藏族史籍《冈底斯山海志》中，佛教大师杰尊·达孜瓦曾经不吝笔墨，深情地赞美过冈仁波齐："冈仁波齐形如橄榄，山尖如刺，直插云霄，连蓝天都刺破了。山峰南面朵朵白云，似向山峰匍匐朝拜，山身如水晶砌成，透亮发光。当日月的光芒照射到冈仁波齐，就会反射出奇异的光芒，并从山的颈项流出清泉，如仙乐般动听，而山脚下的绿草繁花也如同彩裙一般美丽。在高大的冈仁波齐身边，有大小不等的雪峰环绕，如同婀娜的白衣少女顶礼致意……"

---

①湿婆：印度教三大神之一，毁灭之神。

短短数语，已将冈仁波齐峰的美描摹至尽。其实，对于冈仁波齐峰而言，它的美不仅仅在于梦幻般的景致，也在于它本身所具备的神话色彩。藏语中，"仁波齐"具有上师之意，"冈仁波齐"则具有神灵之山或是大雪神山之意。故而，千百年来，来自天竺、泥婆罗等地的朝圣者穿越千山万水，络绎不绝地来到此处转山。

信仰是世间最为神奇的东西，它不受时间与空间的限制，只受意念支撑。即便沧海桑田，信仰依然以神奇的姿态自由翱翔于朝圣者心中。

吞米·桑布扎与同伴们如同一个个虔诚的信徒，迈着坚定的步伐，朝着冈仁波齐峰走去。烈阳、热风、困顿、欲望，皆被抛诸身后，如同一缕青烟慢慢消散于空气中。

越是接近冈仁波齐峰，山峰就越巍峨、越奇美。在阳光的照射下，被厚厚的积雪覆盖的冈仁波齐峰闪烁着银色的光芒，犹如成千上万条银色的游鱼在波光粼粼的海面上跳跃。雪线之下，则是郁郁葱葱的原始森林，恰似茁壮生长着的生命。

每向前一步，都好像离梦想更近了一步。整整一天之后，吞米·桑布扎与同伴们走出漫无边际的旷野，抵达冈仁波齐峰脚下。他们看着彼此，眼中涌出滚烫的热泪。众人将简单的行囊放到一旁，只身开始围绕山峰而转。枝叶掩映，柳暗花明，转弯之处总有惊喜闯入眼帘。转山道上，共有大大小小寺庙十二座。每至一座寺庙，吞米·桑布扎与同伴们都会走进去，虔诚跪拜。他们深知，苍天有灵，看得见他们艰辛的付出。

天空中偶有鸟鸣传来，声音嘹亮且轻盈。吞米·桑布扎卸掉心间那些不必要的重负，脚步也逐渐轻快起来。在转山巡礼的途中，他逐渐体悟到，心无旁骛时，外界的艰难险阻便不攻自破。

转完一圈，天色已浓。原始森林变得影影绰绰，群鸟扑扇着翅膀归巢，凉风从空中掠过，留下摇动的树影，以及此起彼伏的风声。吞米·桑布扎与同伴们抬起头望望那着了月色的峰顶，转身走进黑夜中。

四季风景瞬间变换

希望如暖风过境,在心间蜿蜒流动,晕染出层层绿意。即便行走于夜色中,漆黑的眼眸里也携着北极星之光,因而并不惧怕前方那些唬人的暗影。

风声穿境,树影婆娑,映在吞米·桑布扎的脸上,让他心中生出对大自然的敬畏之感。月色氤氲,万事万物都影影绰绰。走得足够远时,吞米·桑布扎慢慢转过身回望冈仁波齐峰。峰顶在月色的渲染下,闪烁着淡淡的光泽,像是一则神秘的寓言。他向一起驻足的同伴们投去坚定的目光,又转过身向前跋涉。冈仁波齐峰渐渐淡出他们的视线,却在他们的心中留下了永远都不会磨灭的瑰丽记忆。

时间如沙漏里的细沙,在世人还未察觉时就漏了大半。月亮渐渐退隐于苍穹,天光慢慢萦绕于大地之上。吞米·桑布扎与同伴们又赶了几十里路,中间未曾有片刻停歇。彼时,他们所行之路是蜿蜒曲折的山谷,静谧而孤寂,闻不到一丝人间烟火的味道。偶有几只飞鸟穿过,倏忽之间又消失得没有一点踪迹。甚至有人低声说一句话,也会响起巨大的回声。

吞米·桑布扎深知,这又是一重险关密布的考验,就如同无边的旷野里那场生死战役一般。

既然无处躲藏、无处逃匿,那就面对面角逐,在用尽全身力气之后,坦然面对命运给予的胜负裁决。

越是深入山谷,便越寒冷。尽管日光强烈,吞米·桑布扎与同伴们穿着厚厚的衣裳，仍感到寒气正一寸寸侵入骨髓，蔓延到身体里的每一个角落。山顶上覆盖着皑皑积雪，经日光照射后融化成水。水从高悬的山涧俯冲而下，溅湿每一个人沧桑的脸颊与单薄的鞋面，也打破山谷如死般的寂静。

有的雪水还来不及汇流成溪，便因气温过低而凝结成冰。路面亦冰亦水，时而泥泞难行，时而光滑如镜。吞米·桑布扎一再嘱咐同伴们全神贯注，以免失足掉入深不见底的悬崖。人人屏住呼吸，每向前迈一步，都仿佛是在与死神较量。

不过百米的途程，他们走了整整三个时辰。再往前行，便到了山谷最为艰险之处。气温骤然降低，约零下十几度，甚至连呼出的气都化成冰。前后之路，皆无鸟兽踪影，唯有几声石子滚落悬崖的回声，震得人心发慌发冷。

溪水瞬间结冰，像是一条长长的白玉带。偶有几株叫不上名字的野草上，全都堆叠着冰柱，像是堆积起来的白珊瑚尸体。

吞米·桑布扎深知背后的同伴们心中又被恐惧与犹疑占据，便转过头说道：

"一侧是峭壁，一侧是悬崖，中间仅存的道路又有冰，觉得害怕吗？"

"害怕，比走不出旷野时还要害怕。"胆大之人小声坦言道。

"是的，我也害怕。不是害怕死亡本身，是害怕不能完成赞普的托付。"吞米·桑布扎的声音像是暗淡山谷中透出的一点绿意，让人隐隐约约觉察到春日的临近。

"我们会安然无恙走过山谷，抵达天竺吗？"另一个同伴像是在寻求一剂可以抚慰心灵的强心针。

"不要问我，要问你自己。"吞米·桑布扎十分有耐心。

"你一向知道得很多。我心中并没有答案。"

"不。只要你想去天竺，就一定能抵达。这就是你的答案。"

在某些非凡的时刻里，意志力坚如磐石，比充足的体力更能支撑一个人涉过绝境，在旁人的惊叹声中默然走向远方。

吞米·桑布扎闭上眼睛，听到了来自逻些城的呼喊声。那里的人们沉浸在绝美的景致中，哼着古老的歌谣，在清风的吹拂中翩跹而舞。格桑花开得肆意而热烈，青稞酒的醇香如春日里的柳絮，飘得满城都是。然而，如若没有属于自己的文字，这些美好的事物只存在于当时当刻，历史永远无法回忆，更无法记载。

吞米·桑布扎深深呼出一口气，迈出右脚，踏上结冰的路面。站稳之后，他又将左脚挪上去。因意念坚定、心无旁骛，他的身体得以保持平衡，双脚的移动也有稳定的重心。他的背影是那样执着，以至于同伴们心中那颗希望之种奇迹般地萌出绿芽。

忽然，一只飞鸟不知受了何种惊吓，惊得四处飞窜，撞到了正扶着峭壁小心翼翼往前走的一个同伴。同伴猛一闪躲，以至于重心不稳，脚下一滑，半个身子甩向了悬崖。幸而他身后的那个人眼疾手快，不顾自己生命之危，立刻伸出手去拽住了他的胳膊。

四处寂静无声，死亡之神走得如此近。吞米·桑布扎回转身来，扔下肩上的行囊，也紧紧拽住同伴的胳膊。如若是正常路面，十几个人同时拉一个人并不是什么难事，但他们现在身处之所是结冰之山谷，假使用力不当，或许就会导致全军覆没。

脚下是万重深渊，一旦跌下便是粉身碎骨。半个身子吊在悬崖边的人，不忍心同伴因为自己而丧命，一再劝道："死期将至，违抗不得。跋涉如此之久，我的生命已与常人不同，我很知足。"

吞米·桑布扎未应声，而是吩咐其他人不要放松，自己去行囊中找来一根绳索。他将绳索紧紧缠在那人的手腕上，缠好之后再与其他人猛然提拽，那人便借助外力弹到山谷路面上。所有人坐在原地喘气，全然忘记冰之寒。这一场与死亡的斗争，让他们的心更加坚韧。

虚惊过后，他们又向前走。吞米·桑布扎仍走在最前面，为整支队伍开辟道路。

不知走了多久，僵硬而冰冷的身体渐渐回温，路上的坚冰也渐渐融化，继而消失。晴空万里，阳光普照，让每个人蜷缩着的身体都舒展开来。吞米·桑布扎和同伴纷纷脱下御寒的衣服，在原地稍稍停留。他们吃了一些果腹的食物后，又开始长途跋涉。

然而，不过一刻钟的工夫，天空又下起了倾盆大雨。吞米·桑布扎无言，不抱怨，更不愤恨，只是默默地接受大自然多变的情绪，以及上苍赐予的磨难。不卑不亢，坦然面对，是他最具智慧的哲学。

再往山谷深处走，气温又骤降。

一个同伴说："或许过不了多久便会下雪。"另一个同伴回复道："或许逻些城里正值夏日吧。"大家你一言我一语，热烈地交谈着，仿佛已将多日来遇到的艰辛与痛楚，全都碾碎后咽到了肚子里。

吞米·桑布扎始终没有搭腔，他总是任自己被寂寞与孤独侵蚀，在四季风景瞬间变换的境地里向着光明与希望奔跑。

第三章
生死劫难：流沙与酷暑中的幸存者

  一切神圣的事物总是给人无法逾越的感觉，冈底斯山脉即如此。雪域高原土生土长的苯教文化在此萌生，佛教将它尊为宇宙的中心、湿婆的乐园，印度教教徒则认为只要围着冈底斯主峰冈仁波齐峰转上一圈，一生的罪孽皆可消弭。人们投射在冈底斯山脉上的期盼将它不断神化。翻越它，不仅仅意味着一场肉体的极限之旅，更是一次挣脱心灵的福泽庇护，探索未知的华丽冒险。

今夜有暴风雪

　　世间有很多很多的事情，有很多很多的东西，都可以让天下人去承受、去背负，或是去拥有。唯独这漫漫长路上蚀骨的孤独与悲凉，是属于吞米·桑布扎一个人的。或是嚼碎下咽，或是品尝咂摸，或是囫囵吞枣，都只与他一个人休戚相关。

　　一路上，看着四季风景快速变换，吞米·桑布扎时常回想起那座带着神秘之感的冈仁波齐峰，以及冈仁波齐峰不远处的玛旁雍错湖。神山向来有圣湖陪伴，玛旁雍错湖就这样静默地陪伴着冈仁波齐峰。山与水，一个沉稳，一个灵动，彼此照应，仿佛永远不会枯竭的生命。

　　在吞米·桑布扎的记忆中，玛旁雍错湖就是一块圆润透亮的通灵宝玉，水质清亮，水色碧蓝，在壮美雄奇的冈仁波齐峰脚下，延续着不可言喻的美丽神话。

　　吞米·桑布扎经过玛旁雍错湖时，便有种不可言传的感觉，仿佛这里是他跋涉的终点，亦是他踏上新征程的起点。在结束与开始之间，有些事情会发生改变，有些东西则坚韧如初。

　　吞米·桑布扎与同伴们在玛旁雍错湖洗浴，洗去肌肤上所染风尘，也洗去心上滋生的困顿与疲惫。湖水温热而清澈，让他们皲裂的身心慢慢愈合，鲜活如启程之时。吞米·桑布扎沉浸于圣湖的抚慰中，仿佛已经全然忘却岁月的伤痕与疼痛、无望与悲伤。

　　唯有寂寞与孤独，像是一贴膏药，牢牢地黏附在他的心上。而他也并不抵触寂寞与孤独时刻来访，毕竟只有在那些时刻，他才真正属于自己，属于这条漫长而艰辛的路。

这是一场华丽的冒险。雪山、悬崖、山谷、荒原、戈壁、沙漠，以及烈阳、大雨、暴雪，都是跋涉者必须接受的考验。

吞米·桑布扎从来没有什么制胜的法宝，也没有独家通关秘籍。他所拥有的只是一颗心，一颗坚定的饱经沧桑的心。这颗心能承受大喜与大悲，也能承受喧闹与寂寞。不管在何时，处于何种境地，吞米·桑布扎皆能淡然处之，以本真之心追寻那个改变吐蕃历史的梦境。

身后的同伴仍旧热烈地讨论着当时当地即将到来的大雪，以及遥远的高原上浓烈的夏日。一贯不搭腔的吞米·桑布扎忽然停下脚步，转过身慢慢说道：

"愈是深入山谷，温度愈低。此地气候多变，瓢泼之雨过后，恐有暴风雪。早做准备即可，不必惊慌。"

"是否比在冰路上跋涉更艰险呢？"一个同伴心中并无足够的底气，怯生生地问。

"我无法预测。或许轻易便能撑过，或许要以生命为赌注与之周旋。"吞米·桑布扎看着将暗的天色，深知夜幕缝合之时便是暴雪覆盖之时。

"周旋的胜算是否过半？"

"要么绝对胜利，要么全队覆没，没有中间之值。"吞米·桑布扎的肩上落了第一片雪花，鹅毛一般大。

"如何才能做到如你这般镇定无惧？"另一人希冀找到求胜秘诀。

"心中有火，发光发亮，驱逐黑夜与绝望。"吞米·桑布扎话音刚落，狂风便如刀子似的席卷而来，雪花扑簌簌地甩到他们脸上。

吞米·桑布扎不知同伴们是否听到了自己的最后一句话，只知暴雪之夜比他想象中难挨百倍。而他必须独自将这份恐惧吞咽到心里，严严实实地将其埋到漆黑的角落里。他大声说道："莫要惊慌，坚守本心，黎明终至。"

吞米·桑布扎那浑厚坚定的声音穿过肆虐狂风与漫天暴雪，稳稳地抵达同伴耳畔,再经由耳畔抵达他们尚且温热的心间。故而,如惊弓之鸟四散躲藏的同伴们慢慢镇定下来,逆着风雪朝吞米·桑布扎靠拢。

吞米·桑布扎永远都是核心,只要核心还在,这支队伍便不会倒下。

夜色极深,极深,犹如海底的谧谧沉沉。月光与星辰皆未如约而至,只有积雪反射的微光映照在每个人的脸上,却也是惨白惨白的。

为了御寒,他们将行囊中所有的衣服都披在身上,只露出两只坚定之中又带点茫然的眼睛。天地一色,茫茫皑皑,壮丽又决绝。如若是在逻些城里看到这番景致,定是要惊叹大自然的神奇,因其只与美感有关,而与死亡无涉。

此时此刻,吞米·桑布扎深知他们当中随时会有人因蚀骨严寒而死去。这漫天飞舞的雪花便成了柔软的致命武器,这晶莹剔透的童话世界也就带了浓郁的血腥之气。

吞米·桑布扎并未让同伴们停止赶路,因他明白行囊中没有任何御寒之物,山谷之中除却裸露的岩石,便是一些低矮的灌木,完全没有可避之处。在暴风雪之夜,假如长时间停留在一处,他与同伴们的体温定会慢慢下降,甚至挨不到黎明到来,便会有人被死神夺去性命。因此,他们必须不间断地向前行走,以保存体内的温度。

夜色太过浓郁,黑暗太过密集。吞米·桑布扎与同伴们在前行途中,不时会撞上覆盖着积雪的岩石或是灌木丛。身体倒地的那一刻,每个人都有种再也站立不起来的惶然感。身体内的血液仿佛凝滞,体温仿佛冻结,体力也仿佛消磨殆尽。绝望渐渐盘踞整个心房,死神的脸也越来越清晰。一位同伴躺在地上,慢慢地闭上眼睛,等待着上苍关于生与死的裁决。

在他意志慢慢消沉时,吞米·桑布扎与其他同伴一起将他拉起,并将所剩无几的几口烈酒灌到他口中。烈酒逐渐散发热力让他的身体回温。死神的脸慢慢后退,直至消失不见。

那人捡回来一条命,重新活过来了。故而,他"扑通"一声,双膝跪在吞米·桑布扎与其他同伴面前，以诚挚之语答谢："暴雪之夜，重获新生，此生难忘，定当行至天竺，不负重托。"

吐蕃人最重诺言，说出口的言语，分量比生命更重。

他们相互搀扶着向前行走，每一步都深深嵌在雪里，郑重，执拗，不屈服。

跋涉如此之久，吞米·桑布扎与同伴们从未有任何一个时刻像此时这般需要黎明。天光倾泻而下，落在他们的眼眸之中，又点亮了那沉睡的希望。

他们嘴唇泛白，脸色如雪，肌肤僵硬，但这一切都不再是致命的威胁。吞米·桑布扎回过头望着那座覆盖着皑皑白雪的山谷，庆幸每个人都不曾放弃。

此后会遇到怎样的挑战，他并不知晓，但那又如何，双脚总比道路长，内心总比艰险强盛。

少了一个人

　　与雪域高原不过千里之远，却觉得隔了一整个天涯海角的阳光雨露和清风皓月。年少的时光，乘着蘸满晨光的羽翼在梦中无拘无束地荡漾着、荡漾着，却再也无法冲破现实与梦境的那道界限。吞米·桑布扎的视野渐渐变窄，窄到只容得下眼前之路，只容得下那未成形体的文字，而遥在天边的天竺，仿佛是他的绝路、他的末路。

　　吞米·桑布扎与同伴们在暴风雪中走了整整一夜。直至天光初露，他们才彻底走出寒彻的山谷。山谷之外的气温骤然升高，他们身上的落雪顷刻间便融化成水。与死神周旋如此之久，每个人都疲惫至极。即便贴身的衣服浸满雪水，却也顾不了那么多，大家就地而坐，相互依靠着睡熟。

　　吞米·桑布扎却并未睡着。四周阒静无声，除却同伴们此起彼伏的鼾声，没有一丝声响。偶有几缕风荡过来，不紧不慢地扑在脸上，也足以叫人感到热气腾腾。同伴们睡得那样熟，像是永远不再醒来似的。他们的面容载着狂风与暴雪，载着烈阳与雷雨，每一处褶皱的纹理中，都是沧桑的沙砾。

　　观同伴之脸，便照见己容。吞米·桑布扎并不觉得悲哀，毕竟这是必须付出的代价。比起这些，他更担心此后满是挑战的路程。放眼望去，山谷之外是一望无际的戈壁与沙漠，比先前无边的旷野更令人胆战。

　　这是一片寸草不生的龟裂戈壁。烈阳绵延不断，燃烧着熊熊火焰。这火焰是漫无天际的苍茫，是无休止的寂寞与悲伤，也是用生命跋涉的朝圣者必经的险关。无人可避，无处可避，只能咬紧牙关，闭上双眼，奔跑进那片燃烧旺盛的火焰中。

戈壁广袤无边，看似荒凉萧瑟，却可容纳一切东西。它可以容纳漫天倾洒的阳光，可以容纳银河带上闪烁的星辰，可以容纳寂寞且热浪滚滚的风。当然，它也可以容纳疲惫旅人的尸骨。

吞米·桑布扎不禁战栗起来，仿佛听到了同伴们此起彼伏的呼救之声。他何尝不想将同伴全部拉上岸，甚至搭上自己的生命也在所不惜。然而，他心中清楚似明镜，生命不在恶劣的环境中，也不在他人手中，而在自己的心中。坚信自己必能走出戈壁之人，心怀强烈求生意志之人，定然不会死在这里。

大约两个时辰之后，吞米·桑布扎的同伴们纷纷醒来。其中一个同伴一边揉着惺忪的双眼，一边说道："梦中之景恐怖难言，所行之处皆是荒漠，偶有猛兽出没，似要将我吞没。"说着说着竟带了哭腔。

吞米·桑布扎内心寒彻如冰，深知自己的担忧终会与现实接轨。他不露声色，只是等那一同伴揉亮眼睛后，指指四周的戈壁。同伴看到蔓延到天际的灰褐色荒漠，以及没有一朵云的赤裸裸的天空，不自觉地站起身来，他望望吞米·桑布扎，又望望其他茫然的众人，继而不自觉地蹲下身来。他双手抱着头，像是在极力驱逐刚刚所做的噩梦。

每一段路程皆艰险如豺狼当道，意志稍有松懈，便会掉入豺狼之口，成为豺狼腹中之食。心中有疑虑之尘，眼中有动摇之影，路程便更为艰辛。

吞米·桑布扎站起身来，望着这看不到边际的戈壁滩，说道："一切皆是幻象，皆是海市蜃楼。"

恐惧牢牢盘踞在同伴心间，似乎没有人再相信意念的神奇功效。被噩梦吞噬的同伴说道："历经的难关如此之多，身心已困顿不堪。前方路途遥遥，不知何时方能抵达。心有退缩之意，却没有力气原路返回，或许只能命丧于此了。"

"话已至此，不必多说。只是家中父母日夜祈祷，赞普日夜惦念，吐蕃时刻等待你我学成归来。"吞米·桑布扎无奈之际，只得用起激将法。

"生之艰涩，总算尝到。戈壁荒凉难行，唯有以生命丈量路途，倾尽全力向终点进发。"同伴含泪，一字一句。

吞米·桑布扎走过去，拭干同伴隐忍的泪水，再未发一言。

闯过内心这一关，即便以后的路再艰险，也可从容坦然应对。

像往常一样，吞米·桑布扎仍走在最前面，同伴们紧随其后。整支队伍有条不紊地向前移动，为这毫无人间烟火气息的戈壁带来一点生气。

突然，前一秒还是烈阳暴晒、万里无云的天空，后一秒便风沙席卷、天摇地撼。狂风呼啸着涌来，裹着阴云、裹着沙砾、裹着暴雨、裹着血腥与野蛮，横冲直撞地袭击而来。一瞬间，整齐的队伍被吹得七零八散。粗大的沙砾捶击到脸上和身体上，细小的沙砾就融进眼睛里，背上的行囊也被狂风卷到看不清的远方。

吞米·桑布扎倾尽全力喊道："狂风强劲，但不会持续太久。原地蹲下，保持镇定，尽量靠拢一些。"同伴们不再自顾自地抵挡狂风，也不再去追逐那丢失的行囊。所有人都围在一起，闭着眼睛等待狂风过去。

约莫半个时辰，天空放晴，阳光倾洒到荒芜的大地上。吞米·桑布扎率先站起身来，默然而语："劫难已去，重生之躯又可前行。"这话是对同伴们说的，也是对自己说的。

准备妥当之后，这支队伍即将启程。忽然，有人说道："好像少了一个人，当初十六人前行，此刻只剩十五人。"

吞米·桑布扎猛然转过头，一一看向同伴的脸。狂风肆虐，终究在混乱之中夺去了一个人。他忍住内心的仓皇，以及随时会滑落的眼泪，坚决地说道："立即寻找，哪怕是尸骨。"

狂风过后，天空清澈而碧蓝，如同一个巨大的讽刺。吞米·桑布扎与剩余的同伴沉默着向四方走去，遇到坑洼之处，会迅疾地蹲下身来，看看那里是否藏匿着自己的队友。阳光暴烈，炙烤着荒凉的戈壁滩，也炙烤着每一个人的心。

在搜寻的过程中，不时有哭泣声传出，吞米·桑布扎并未制止，也未给予任何劝慰。他明白同伴们都需要发泄，需要倾诉，需要释放内心的恐惧，以及对这片戈壁的愤恨。

在某个不经意的瞬间，吞米·桑布扎那敏锐的直觉嗅到了一丝生命的味道。他停下脚步，朝裸露着的岩石背后看去。正是在那里，他看到了尚存一丝气息的同伴。吞米·桑布扎未发一言，便将随身携带的水喂给同伴，而同伴用尽全力移开脑袋。他深知自己是将死之人，不愿浪费任何一点资源。再次见到同伴们，已是他生命中最后的奇迹。吞米·桑布扎将他羸弱的身躯揽到怀里，耐心地等待着他说些什么。

他张开眼睛，定定地看着吞米·桑布扎，说道："今世至此为止，并不觉遗憾。"

吞米·桑布扎将他揽得更紧一些。

他喘口气，继续说道："此后路程或许更艰难，但我知你定不负使命。"

生命的终结，竟是这般让人无可奈何。吞米·桑布扎与同伴们向死去之人深深鞠躬，祈祷他来生不必再受苦。

那人永远地留在了大漠之中，而生存下来的人仍要风雨兼程地走下去。

"我们终于看到了绿洲"

戈壁之中，土地龟裂，荒无人烟。行走在路上，偶尔会看到几只飞鸟的尸体。太阳残酷地炙烤着大地，像是要榨干最后一滴水。肉眼看不到戈壁的尽头，双脚只能无意识地向前挪动。每一步，都像是在与死亡周旋，与绝望争斗。

周身的空气胶着着，凝滞不动，像是在故意与谁怄气。没有人说话，只有脚下的踢踏踉跄声不时传入耳中，打破这死一般的寂静。所有人都疲惫至极，却丝毫不敢落于队伍之后。因为，落下便意味着独自一人面对这片戈壁，意味着除去死亡别无选择。更没有人将困顿诉之于口，因为实在惧怕咬紧牙关提着的那一口气会顷刻松弛下来。

这一次，吞米·桑布扎走在队伍最后面，以确保没有人再次掉队。已经有一个鲜活的生命留在这片坚硬而绝情的戈壁滩上，吞米·桑布扎绝不允许这样的事情再次发生。行走之时，他会怔怔地看向蓝得刺眼的天空。天空一无所有，不能给他任何安慰，但他仍想从那里寻到些许预言，或是指示。

叩问与诘问，是他这一路上从未停止做的事情。那些堆积在心里的疑问，那些快要发霉的猜忌，像是劈空而来的闪电。他找不到任何一处避难所，只能迎头接受闪电的煅烧与锤炼。

"已有一个同伴死去，或许其他人，甚至你自己也会死去。"闪电倏忽而来，劈开吞米·桑布扎的心房，他只得闭上眼睛，单刀直入地对自己说。

"有生即有死。时候一到，死神必来索命。"另一个声音从心房的另一处淡然飘来，将思虑片片击碎。

"你定然也是贪生之人，不然面对这片戈壁时为何如此惶惑。"先前的心声仍不罢休，将吞米·桑布扎逼至墙角。

"是，我确实贪恋人世。但这份贪恋，与己无关，只关乎肩上之沉重使命。"

"你是否能确保其他同伴的安全，是否能抵达天竺？"

"此刻，我无法做出任何承诺，只愿尽心尽力去做。"

"水为生命之源，而你们的水所剩无几，又如何尽心尽力？"

"戈壁之中确为荒凉，但绿洲定藏于某个角落。囊中之水无多，唯有以双脚之力去寻找水源。"

"此刻，我知你心意已决，但其中酸涩与艰辛，愿你以坚定之志去承受。"

"我明白。"

自我诘问到此为止。吞米·桑布扎内心终于趋于安宁，也趋于澄净。他深知抱怨与愤恨皆无用，唯有沉下心来面对眼前这盘混乱的棋局，才有可能化险为夷。

阳光毒辣，赤裸裸地扫射着每个人的肌肤与内心。肌肤因长时间脱水而褶皱不堪，内心因无水源滋润而萎顿不已。

如若再看不到绿洲，任何一个人都没有走出戈壁的可能。故而，吞米·桑布扎嘱咐同伴们原地扎营，稍作休憩后再派体力尚好之人出去寻找水源。

虽有帐篷遮阳，但他们仍感到酷热难忍。可即便如此，由于体内缺乏水源，没有人渗出一滴汗。嗓子仿佛燃烧着熊熊烈火，如何扑也扑不灭。双腿虽得到休息，但因燥热与口渴造成的苦楚，更像是身体内寄居着成群结队嗜血的蚂蚁。

吞米·桑布扎站起身来，坦然问道："谁愿去寻找水源？"

话音刚落，一只飞鸟的尸体直直地冲撞下来，不偏不倚地落到吞米·桑布扎和同伴之间的空地上。吞米·桑布扎不动声色，却见同伴们瞬间换颜。

时间一秒一秒滑过，四周寂静得仿佛震耳欲聋。没有人主动站起来去寻找水源，他们只是怯懦地看着那只死去的飞鸟，好像已经预料到自己不久之后的命运。

吞米·桑布扎从来都只是逼迫自己，从不逼迫他人。看到无人回答，他便淡然说道："既然无人随我去寻找水源，我便独身前去，只愿你们都会等我归来。"

说完之后，吞米·桑布扎拿起那根随身的木棍，转身离去。顷刻间，狂风骤起，天色骤变，像是不愿说出口的诀别。他并未改变寻找水源之意，朝着远方走去。不过一刻钟的时间，他听到身后有脚步声传来，便疑惑地回头去看，见有三个同伴正在追赶自己。

吞米·桑布扎停下脚步，等他们赶上来。他脸上笑意外露，像是看到了隐隐约约的希望。这是他第一次将心情挂于脸上。

"我们愿一同前往。"其中一个同伴费了好大的力气才说出这几个字。

"或许我们将一无所获，且赔上性命。"吞米·桑布扎终于将内心的顾虑倾吐而出。

"命该如此，不应抵抗，却也不该顺从。"历经苦难后，同伴们的境界又高上一层。

没有人知道哪里藏着绿洲，他们只是凭着若有若无的直觉，向着戈壁的腹地走去。天地皆广阔无垠，像是随时会吞噬渺小之人的生命。

也不知走了多久，更不知道走了多远。双腿只是机械地迈步，实在撑不住时就打开水囊往嘴里倒一滴，仅仅一滴。体内所有的细胞都为这一滴水狂躁着、厮打着，争得头破血流。

阳光渐弱，天色渐浓，黑夜如期而至。因为太过疲惫，吞米·桑布扎决定稍作休息之后，再借月光而行。他深切感知到，此刻的身体轻飘飘的，仿佛承载不起任何重量。这是前所未有的感觉，像是死神温柔的诅咒。

因为实在惧怕入睡后永远无法醒来，吞米·桑布扎便一直躺着与同伴们说话。所说之语只是言简意赅的几个字，以保存体内所剩无多的能量。

"绿洲在何处？"一人说道。

"定然存在。"吞米·桑布扎尽量说得简短。

"为何遍寻而不见？"另一人问。

"尝尽苦楚方得。"吞米·桑布扎声音轻微，像是与星辰对话。

"苦楚几多？"

"需耐心等候。"此既是吞米·桑布扎回复同伴之语，亦是自我告诫之语。

短暂的休憩过后，他们又起身行走。这片戈壁留给他们的时间并不多，众人只能潜心向前奔走。

月光慷慨如斯，在无遮无掩中照得远远近近都是宝蓝色。吞米·桑布扎与同伴们并肩行走，满身都是月之光辉。

刚走了十来步的距离，前方的地面上忽然有光反射过来，波光粼粼，直直地映入吞米·桑布扎与同伴们的双眸中。他们生怕眼前所见之景是内心幻化而出的海市蜃楼，是脑中勾勒而成的荒诞梦境，所以，大家都不约而同地停下脚步，郑重又惶惑地看向彼此。

是的，前方确实是一片绿洲。它静静地躺在那儿，沐浴着皎洁的月光，等待着远方的人们走近。

吞米·桑布扎与同伴们刹那间瘫倒在地，大口大口喘着气，整个人却变得豁豁亮亮，有种心荡神驰之感。

一切都是恰如其分，没有早一步，也没有晚一步。生命的乍喜，足以让人有勇气继续前行，在路上收获满满当当、热气腾腾的人生。

水是上天对意志的考验

逻些城中，正值初秋。

清风拂在衣袖上，携来薄薄的凉意，却不至于叫人感到寒冷。树上的叶子焦黄焦黄的，像是镀着一层亮灿灿的金。街道上，行人穿梭来往，在吐蕃的庇佑中，享受着静好之岁月，安然之时光。无人知饥馑，无人知酷暑与严寒，无人知疲惫与困顿，更无人感受到死亡的威胁。

这是一座日渐富裕繁荣的城，天空碧蓝如玉石，阳光铿亮而耀眼。松赞干布极具智慧与谋略，铠甲披身扬起万里风尘，凯旋于高原之上而扬名立万。周边的小邦唯唯诺诺，俯首称臣，携来奇珍异宝恭祝吐蕃万世安康。

松赞干布面对此种盛况，应感到意气风发才是。但在万千臣民眼中，他时常独自站于猎猎风中，长久地望着远方。自吞米·桑布扎那一队人远行之日起，他便坚持如此。他很清楚，天竺地处遥远之地，若想抵达，定要翻越千重山万重水，受尽身心之折磨，一旦意志松懈或是动摇，便无返还之日。

即便松赞干布坚信吞米·桑布扎为天地之灵杰，但想到途中种种艰险，仍是寝食难安，思虑重重。

当然，在逻些城这般纯粹清明的环境中仍感忧惧之人，并非只有松赞干布。吞米·桑布扎之父吞米·阿鲁亦是在深夜辗转难眠，在白昼如坐针毡。吞米·桑布扎离开之日，院落中的那棵古树开始萌发新芽，今时今日，院落里已铺了厚厚一层落叶。初春到初秋，日日夜夜，都是一种针尖扎入手指般的煎熬与疼痛。

他们都明白，文字之于吐蕃犹如阳光之于生命。而学文造字的艰辛，是必然要承受的磨难与淬炼。松赞干布无法替吞米·桑布扎与他的同伴们承受路途之险，唯有尽力创造出一个黎民富庶、城邦强盛的吐蕃，以便双手接过吞米·桑布扎用生命供奉的文字盛宴。

月光清清凉凉铺在水面上，倒映出吞米·桑布扎与同伴们沧桑而喜悦的面容。偶有一阵风吹过来，小小的绿洲便荡起层层绿波，细细碎碎的，像是天真幼童咯咯的笑声。

同伴们纷纷捧起清凉之水，咕咚咕咚喝个不停，身体内萎靡的细胞立即狂欢起来，四肢与头脑重新活泛，一切都仿佛重生了。

吞米·桑布扎久久地趴在绿洲旁，看着水中那弯荡漾摇晃的月亮，不知为何忽然觉得无论走多远，都不会走出高原的记忆，更不会走出松赞干布的惦念。途中这些险关，不过是必经的考验，不过是内心恐惧的幻影。尝尽苦楚后，他们终会看到明晃晃的希望与绚烂的天光。

同伴碰碰发呆的吞米·桑布扎，示意他赶紧喝几口水补充能量。吞米·桑布扎从自己的所思所想中跳脱出来，有种豁然开朗的感觉。在水面的倒影中，他看到自己笑容深邃，仿佛可以洞见希望与光明。他捧起清澈之水，淋漓尽致地喝着，满脸满身都湿了。

他们把带来的所有空水囊都装满水后，开始在月亮与星辰交汇的光芒中原路返回。返程途中，吞米·桑布扎哼起母亲常常唱的那首古老歌谣。歌声浸润了月亮与星辰的光泽，柔和温润，又不乏嘹亮与笃定。清风吹过来，把歌声吹得很远很远。同伴们听得入了迷，要求吞米·桑布扎教给他们。于是，吞米·桑布扎唱一句，同伴们就跟着唱一句。

吞米·桑布扎想着，或许很久之后，他仍会记得这一个夜晚。他们手中提着生命之水，口中唱着古老之歌，心中载满明日之希望。那一路，他们不知路途之长之险，只觉深切触到了生命的纹理。

黎明将至，东方泛着鱼肚白和苍苍茫茫的淡青色。歌声缥缈，像是涩涩的青春该有的味道。

吞米·桑布扎与同伴们走了许久，终于看到不远处的帐篷。那一刻，他们忍不住奔跑起来，恨不得立即将手中的水囊交到等待自己回来的其他同伴手中。龟裂的大地，在他们肆无忌惮的奔跑中颤抖起来，仿佛认输时的那种沮丧与妒忌。

然而，当吞米·桑布扎走进帐篷的那一刻，一切美好之事都发生了逆转。

吞米·桑布扎愣在原地，手中装满水的水囊犹如巨大的讽刺。同去寻找水源的其他三个同伴看到帐篷内的情状时，只是大滴大滴掉眼泪，却怎么也哭不出声音。

在原地等待的十一个人，只有六个人尚有呼吸，其余人则永久地闭上了眼睛，不再理会尘世之事，也不再承受俗人之苦。气温奇高，酷热难当，死去之人的尸体散发着阵阵恶臭。勉强生存下来的人，自身尚难保全，更别提安置同伴的尸身了。生存与死亡，在同一个帐篷中，挨得如此近，界线如此模糊。

吞米·桑布扎走过去，把带回来的水倒入气息尚存的同伴口中。活着的人渐渐恢复神智，如同做了长达一个世纪之久的噩梦。吞米·桑布扎安顿好这些人后，又与寻水源的同伴将死者的尸体搬出来。

阳光愈来愈毒辣，吞米·桑布扎用手挖开滚烫的沙砾，凿出不浅不深的五个大坑。众人合力将逝者放入坑中，再将一把把沙砾撒到他们身上。秃鹰在空中久久盘旋，想要寻一点食物。吞米·桑布扎跪在地上，轻声为亡灵祷告。

"是我们回来得太迟了吗？"寻找水源而归的一个同伴始终无法释怀。

"不，这是对意志的考验，注定有生有亡。"吞米·桑布扎虽万分悲痛，却不得不承认事实。

"如若我们早回来一点，或许情势会有所改变。"同伴仍纠结于此。

"确然，但侥幸生存者，必无法闯过下一个难关。"吞米·桑布扎残酷地撕开远行之路的现实。

话音落下，重重地砸在地上，发出振聋发聩的爆裂声。疑虑渐渐消散于日光之下，释然如同坚冰融化，慢慢流动成河。

孤军奋战也好，并肩而行也罢，都需要视死如归的勇气，以及拼尽全力的担当。

行人减半，途程尚远，唯有咬紧牙关与艰难险阻决一死战。

吞米·桑布扎与所剩无几的同伴又踏上路途。杯中的水晃呀晃，像是那波折多舛、摇摇欲坠的希望。

泥婆罗国王的馈赠

站于喜马拉雅山麓之南，吞米·桑布扎觉得途程中的一切皆是一场梦。那些狂风呼啸的旷野，暴雪覆盖的山谷，酷热龟裂的戈壁，黄沙弥漫的荒漠，如同成群结队的蝼蚁，正一点点摧毁内心笃定的意志。

喜马拉雅山这座高峰，一侧是令人叹为观止的山谷与冰川，另一侧则是深不见底的河流与峡谷。以它为界，山麓之北是雪域高原，是称之为故乡之地；山麓之南，则是有着火热表情的异域，是称之为异乡之所。

吞米·桑布扎丝毫不愿回忆，他们剩余的几个人是如何连滚带爬翻越了这座高峰，侥幸留下了气息尚存的生命。记忆似乎永远都是那样任性，它总是让人们只记得愿记住的人和事，而自动遗忘与忽略那些难堪难为之事。吞米·桑布扎闭上眼睛时，只记得喜马拉雅山上覆盖着皑皑积雪，反射着耀目之光；雪线之下，丛林密布，鸟群争鸣；山麓处江河汹涌，激荡如潮。至于翻越途中那些与死亡搏击的事情，吞米·桑布扎似乎已全然忘却。

如此也好。伤疤会迅速愈合，他也会以重生之姿态，全情投入学文造字的艰难征程中。疲惫与懈怠，困顿与动摇，从来都只是路过，而不会常驻于此。

吞米·桑布扎背对着这座巍峨之山，对剩余的同伴说道：

"遍尝艰涩与痛楚，终来到喜马拉雅山之南。远方将至脚下，望你我坚守初心，直至抵达之日。"

同伴们缄默，郑重而虔诚地点头，算是一种至深至诚的回答与承诺。

第三章　生死劫难：流沙与酷暑中的幸存者

喜马拉雅山之南，是泥婆罗国。

在松赞干布继位之前，吐蕃与泥婆罗隔喜马拉雅山相望，各自为好，相安无事。而松赞干布何尝是等闲之辈，继承赞普之位，披上铠甲，跨上战马，豪情万丈，一一将周边势力收归麾下。在喜马拉雅山南麓的泥婆罗亦未能逃离此命运，先前之静谧被打破，吐蕃之铁骑在其边境严守以待。

无奈之际，有人献计，将国王之掌上明珠尺尊公主嫁与松赞干布，以示姻好。国王纵有万般不舍，也只能看着尺尊公主穿上嫁衣，千里迢迢奔赴异乡。

一场婚事，抵消了一场拼死搏杀的战争。尺尊公主将释迦牟尼佛像带入吐蕃。自此之后，佛光开始照耀雪域高原。松赞干布为表爱慕之意，为尺尊公主建了一座极具泥婆罗建筑风格的宫殿，雄伟奇美，金碧辉煌，甚至可与赞普之宫殿相媲美。

从此，泥婆罗又恢复了往日的宁静与祥和，沐浴着耀眼之天光与温煦之佛光，徜徉于从容的岁月中。

吞米·桑布扎与同伴行走于静谧的街衢中，只觉这里处处笼罩着淡然之光泽、安宁之雾霭。行人脸上皆是肃穆之神情，眼眸中散发着笃定之神采。

吞米·桑布扎有种重返人间之感，那浓郁而热烈的烟火气息扑了他一头一脸。他并不躲避，而是尽情地享受着这短暂而珍贵的生命际遇。那飘远了的希望，又隐隐地飘于他的心尖，轻盈而明丽，却又带着沉甸甸的分量。而他也终于体悟到，意念不灭，希望便可散发永恒之光。

街衢上，热浪一波一波袭来，渐渐织成一张密不透风的网。同伴们纷纷将多余的衣服脱下，却仍是汗流不止。有人忍不住问道："此地酷热，是否便是天竺？"

其他人听到"天竺"二字，皆满含希望地望向吞米·桑布扎。只见吞米·桑布扎以深邃之眼看向前方，淡然而道："天竺仍在远方，需你我连日跋涉方可抵达。"

"远方？究竟还有多远？是否比翻越喜马拉雅山更为艰难？"那个同伴

显然极其失落。

"距离不在脚下,而在心间。有心抵达,天下皆在眼前。"吞米·桑布扎始终未曾给过明确答案。

"那么,此地为何处?"同伴又问。

"泥婆罗。或许,我们将在此地有所收获。"

"如何得知?"

吞米·桑布扎这一次未答只言片语,只是用手指了指自己的心。

阳光猛烈,天地之间万物无可遁形。

吞米·桑布扎与同伴行至阳布(今加德满都附近),看到当地人匍匐跪地,虔诚至极。信仰,根植于心,是这样坚如磐石的东西。吞米·桑布扎心想,支撑自己一路走下来的信仰,便是抵达天竺,学习文字。

正当他们离开阳布继续南行时,一名侍卫拦住他们的去路,要求他们去宫殿觐见国王。身处他国,自然要遵照他国规矩行事。既然国王有请,便只得随侍卫进入宫殿。

宫殿之内,壁画繁复,精妙绝伦,犹如绚丽之梦乡,将烦忧与躁乱纷纷过滤,只留下平和之气。国王面目和善,并无高傲无礼之态;大臣分立两侧,毕恭毕敬,投之以欢迎目光。吞米·桑布扎与同伴们躬身叩拜,恭祝泥婆罗风调雨顺。

泥婆罗国王开口问道:"吞米·桑布扎是何人?"

吞米·桑布扎向前跨出一小步,声音平稳,不卑不亢地说道:"鄙人。"话音落地,铿锵有声。随即,他抬起头来直视泥婆罗国王,目光如炬,温暖而刚强,却没有夺人的凌厉气势。

相视片刻后,泥婆罗国王终于微笑而言:"松赞干布赞普果然好眼光。一月有余,吐蕃曾有口信传来,嘱我好好招待远来之客。"

"如此盛情,切为感激。"吞米·桑布扎之言,发自肺腑。

"口信说共有十六人,其余之人身在何处?"

"逝于艰险路途中。"吞米·桑布扎甚为难过。

"越往南行，暑气愈旺。丛林之中，时有野兽出没，尔等是否会安全抵达？"

"愿为每一缕生机，做一切尝试。"

"深感敬服，却对你无所助益。唯赠你解暑药物，以缓中暑之苦。"

吞米·桑布扎与同伴深深叩拜，以表心中真挚谢意。在异国他乡，人与人之间的体谅与帮衬，是最为温暖的慰藉。

在烈阳的照射下，吞米·桑布扎与同伴缓步走出宫殿，继续南行。

喧嚣的暑气，弥漫周身；灌木丛里的野兽，在黑夜里放射着绿光。生命已脆弱不堪，却仍要为隐约闪着光泽的梦想和希望，披上坚硬的铠甲，一头扎入荒蛮的生死征战中。

最后的幸存者

阳光热烈，暑气灼人。

喜马拉雅山以南，似乎再无四季之分。冰川与积雪，严寒与冷风，仿佛只存在于古老的传说中，存在于世人的想象里。即便藏身于树荫处，酷热之气也犹如堆叠的潮汐，层层叠叠涌来。

空气凝滞不动，到处散发着酸涩的馊味。苍蝇与蚊虫嗡嗡作响，更让人有窒息之感。吞米·桑布扎与同伴领教过戈壁与荒漠之燥热难耐，本以为能轻易闯过这一关，然而，愈是南行，愈觉这密密严严的暑气会随时将人吞没。尽管途中并不缺少水源，但仍觉口干舌燥，咽喉冒火，说不出一句话。

随行的同伴几次中暑晕厥，口吐白沫。吞米·桑布扎亦觉身体羸弱，时有眩晕之感。他拿出泥婆罗国王馈赠的解暑药物，让同伴们服下。虽然每次服药之后，中暑症状即会全消，但不多时，又会有人在烈阳之下晕倒在地。

药物确可除病，却无法医治受伤之心。侵入肌肤的暑气可消，而侵入心内的暑气难除。这是抵达天竺的最后一道关卡，也是让人最绝望、最易言弃的难关。

吞米·桑布扎看到倒地的同伴，脸上满是惊惧之色，眼中盈满隐忍泪光，嘴唇皲裂，裂口处流出鲜血。森林深不可测，阳光照到上面，反射出幽绿阴森之光。周遭死寂无声，甚至连一丝风也没有。

每到此时，人之嗅觉与感觉便格外敏感。吞米·桑布扎愈来愈快的心跳，以及略显急促的呼吸声，皆清楚地告诉他，有一只猛兽正在慢慢靠近。

他并未打草惊蛇，只是轻轻走到同伴身边，将他嘴唇上的血迹擦拭干净。

在擦拭过程中，吞米·桑布扎明显感觉到同伴气若游丝，同伴脸上那抹如晚霞般绚丽的红晕，不过是回光返照之相。他用尽力气将手搭在吞米·桑布扎的胳膊上，断断续续说道："不必觉得难过，生死本是人间常事。天竺近在咫尺，我已无福抵达。"

吞米·桑布扎深知在死亡面前，语言最是苍白无力。因而，他只是将同伴之手紧紧握在自己手中，闭上眼祈祷其来生幸福。

同伴深深喘息几口，又说道："野兽临近，来势凶猛。及时赶路要紧，不必再顾及我。"

大地震颤，枝叶摇晃，生命如临深渊，随时都会直直坠下去，摔得粉身碎骨，连尸骨都无处可寻。在大地的摇晃之中，吞米·桑布扎仍守在同伴身旁，丝毫未有离开之意。

时间一秒一秒飞驰而过，猛兽的脚步声愈来愈清晰，所有人的背脊皆冒出寒意。同伴额头上滴落大颗大颗汗珠，他闭上眼睛，用尽生命中最后一丝力气，咬舌自尽。他的嘴角有血渗出，面目却并不狰狞，反倒带着一丝平和的笑容。

吞米·桑布扎抬起头看着枝头摇晃的树叶，觉得同伴并未离开，而是在某个角落看着自己。他将死者的衣角抚平，深深地鞠躬致意。随后，他与剩余的同伴们快速离开。

暴雨转瞬而至，冲刷着这片热带雨林。

吞米·桑布扎背靠一棵参天大树，任雨水淋湿全身，沉默无言。

那个逝去的同伴，想必此时已成为野兽腹中之餐。野兽牙缝里掉落的残羹，想必已被蚊虫瓜分。而那遍地流淌的鲜血，也已与雨水交融，不分彼此。

然而，让吞米·桑布扎悲伤的事远非如此。在躲避野兽途中，又有几个同伴因受惊过度而纷纷瘫倒在地，无法站起。再加上暑气与暴雨的双重摧残，他们相继去世了。

雨水汇集成河，前仆后继奔腾而去。深林之中，雾气蒸腾，分不清是白昼还是黑夜。吞米·桑布扎不知在古树上靠了多久，再起身行走时双腿已麻木无知觉。他并未像往常那样蹲下身，上上下下按摩一番，而是径直向前走着。偶有低矮的灌木丛将他绊倒，他也并不觉得疼痛，而是爬起来继续行走。酷暑难当，他全然不管。

他不知道时辰，不知道还需走多久才会走出深林，更不知道自己会撑到何时。他只知道，自己孤身一人。除却带着所有死去之人未竟的梦继续前行，他别无选择。

暴雨之后，便是烈阳。道路泥泞难走，吞米·桑布扎的双脚因长时间浸泡于烂泥中，已肿胀如馒头。周遭蚊虫密如细网，肌肤被叮咬之处，皆因未曾及时护理而长疱化脓，严重之处甚至已溃烂。

吞米·桑布扎却感知不到任何疼痛。他不再像先前那样考问自己能不能抵达天竺，会不会完成学文造字的任务。他也不再像先前那样疑虑重重，时刻质疑自己的能力。他将一切对错、一切是非从自己脑中剔除出去。他彻底放空自己，重新塑造全新的自己。这是他必经的单行道，是他唯一的选择。

他不分昼夜地行走着，口渴时便喝水，饥饿时便吃几片叶子，感觉中暑后便服解暑药。如此循环，心无杂念。

一路向南，不回头，不回忆。

携着烈阳与星辰，携着暴雨与风尘，吞米·桑布扎始终以奔跑的姿态，追逐着悬于头顶的梦想幻影。

在某个时刻，他猛然发现他记不起任何一个同伴的名字，也全然忘记了他们满是沧桑的面容，好像自逻些城启程，便是他一个人在行走，没有人陪伴，因而也就没有人离开。那些人，仿佛只是他幻想出来的影子，陪伴自己就是他们的使命。使命完成时，他们便会纷纷消失于天际。

吞米·桑布扎那连日阴沉闭塞的心房，忽然之间就这样打开了。

他双腿跪地，仰面而泣，声声震彻天宇。哭过之后，他躺在地上慢慢睡熟。作为最后的幸存者，他知道自己醒来后便会抵达天涯尽头。

第四章

天竺求学：文字的智慧拔节生长

　　天竺地处南亚，每年夏秋季节，来自印度洋的海风挟裹着湿润如期而至，给燥热的土地和人心带来一丝清凉。此刻的天竺仍处于分崩离析的境地，分为北、中、东、南、西五部。无论是印度教还是佛教，都未能感召注重精神世界的天竺，让它完成世俗意义上的统一。但乱世从来不会打扰智者心中的平静，他们在菩提树下、在寺院中固守着内心，让智慧在平静中悄然生长。

天竺来了一个装束奇怪的人

海水的气息，清爽、干净，又带着一丝鱼的腥味和盐的咸味。

阳光一片一片碎在褶皱翻腾的波纹里，随着清风的吹拂肆意涌动，像是贪玩的稚童，漫山遍野地跑着，直到天色转浓，才循着袅袅升起的炊烟，带着满头满额的汗珠游荡回家。

吞米·桑布扎独自行走许久，在某个鸟群啁啾的时刻，仿佛忽然之间就闯入了一片热闹的集市。人群穿街而过，喧闹而繁华。村落依水而建，水声潺潺，老幼怡然自乐。夏日浓烈，枝叶稠密而茂盛，果子结得满满当当，真是不知饥馑的舒怡时光。温度虽然高了一些，但被携着海水气息的风一吹，暑热便被冲散了大半，内心积聚的烦躁也顿时全消了。

吞米·桑布扎长长地吁出一口气，再深深吸上一口气。胸腔内的匮乏之气全部吐出，清爽之气循环而进，像是做了一次彻底的换血手术，从头到脚都带着鲜活的生命力。

走过万水千山，相继失去十五个同伴之后，他终于抵达此行的终点——天竺。

是的，他双脚所站之地属于天竺，那个让他魂牵梦绕的天竺，那个可以让他的梦想长成参天大树的天竺，那个承载着吐蕃文明与希望的天竺。

清晨，天很早便亮了，阳光一上来就很浓烈，就像这里炽热的人情。

群鸟比美似的唱着无词的歌曲，翅膀上晨曦荡漾，从街衢之东飞到街衢之西，无忧无虑地，晃晃悠悠就把时光打发了。

第四章 天竺求学：文字的智慧拔节生长

吞米·桑布扎像是从炼狱回到人间一般，心底总有暖流涌出，汩汩地，仿佛瞬间找回了生命寄存的空间。他穿梭于人群中，体味着人流涌动的热潮，也尽情享受着尘埃落于鼻翼的真实感。在动情的时刻，他甚至四顾无人地闭上眼睛，张开怀抱，想要将天地万物都揽于火热的胸口。

然而，当他睁开眼睛时，发现自己被街衢上的行人团团围住了，他们的眼中盛满惊诧，上上下下地打量着自己，并用手指指点点，交头接耳地议论着什么。

也难怪如此。隔一条河，言语或是人情便有了差别。更何况吐蕃与天竺之间，隔着千山，又隔着万水，风土气候不同，穿着打扮自然也有差异。

《唐会要》记载，"天竺即汉之身毒。或云摩伽陀，或云婆罗门。地在葱岭之南。去月氏东南数千里。地方三万余里"。因天竺方位靠南，酷热之时远远多于严寒之日。人们所穿之衣便极其单薄，行为举止极其随性。而从吐蕃千里迢迢来到天竺的吞米·桑布扎，不管是衣饰还是样貌都与当地人大为不同。

吞米·桑布扎深知，天竺信奉佛教，信徒虔诚谦逊，人情至纯至信。当地人将自己团团围住，不过是因了好奇，犹如光滑如镜的湖面上被投进一颗石子，霎时引起了一圈又一圈引人逗留的美丽波澜。

并不狭窄的街衢被堵得水泄不通。顽皮的幼童从大人们腿下钻到最前面，大声地笑着、吆喝着。年轻的姑娘羞赧地在一棵垂柳下踮着脚看，不时掩着双唇朝身边的同伴笑笑。还有那些年迈的老者，颤颤巍巍地赶来，像是在赴一场郑重的宴会。

这些人长久生活于此地，喝着当地蜿蜒流淌的水，吹拂着当地清爽的海风。祖祖辈辈，从来到世间的第一声啼哭，到生命终结的那一刻，皆在这片土地上绘制着生活蓝图，从未有人背上行囊流浪他方。因而，外面世界的云到底有着怎样的异彩，水到底有着怎样的姿态，清风与雨露到底有着怎样的状貌，他们一概不知。唯有在摇摇晃晃的梦里，隐约倒映出外面世界的影子。

当吞米·桑布扎以异域人的身份走进他们的视线时，他们便饶有兴致地打量着他，想透过他的一举一动、一言一行，找到任何一点与外界有关的线索。

在被打量的同时，吞米·桑布扎也以智慧之眼打量着这里的人们。

此时，天竺虽是一个国家，却仍处于分崩离析的境地，犹如一面碎了的铜镜一般，分为北、中、东、南、西五部分。人们饱受征战之苦，时时处于惊惧之中，见惯了斑斑血迹与死亡，但脸上仍有平和之色，深得顺应自然之理，不疾不徐，以本真的姿态活着。他们相信轮回与来生，但仍努力过好此生此世。即便有风暴雷电劈头而来，他们也能不动声色地坦然接受。

这份淡然之心，让吞米·桑布扎极其赞叹。天下风雨飘摇，而我心岿然不动，这是做人之大境界，亦是做学问之境界。吞米·桑布扎深知，若要完成松赞干布交付的使命，唯有在四分五裂的天竺，固守本心，心无旁骛。

更令吞米·桑布扎惊奇的是，当地人在交头接耳时双唇倾吐出的言语，犹如枝头上鸟群的歌唱，婉转、动听、轻盈、嘹亮。吞米·桑布扎从未听过如此美妙的语言，唇齿之间仿佛都缭绕着一股清丽的醇香。他心想，一定要从这片丰饶的土地上汲取语言的精粹，而后让其在遥远的故乡生根发芽，开出曼妙绚丽的花朵。

一阵清风吹来，带着他的梦想穿越荒漠与戈壁，穿越旷野与山谷，穿越冰山与江河，最终抵达喜马拉雅山麓之北的高原。松赞干布站于逻些城外，仿佛听到了吞米·桑布扎内心饱满的希望。

天地之间，对为了实现梦想而将生死置之度外之人而言，并无真正艰险之事。苍穹之大，风吹草即动，燥热蝉即鸣，而内心坚定之人，只倾听灵魂的声音。

吞米·桑布扎站于人群中央，向这些眷恋尘世、信仰虔诚之人深深鞠躬致意。随后，他在人们惊诧与友好的眼神中，慢慢迈开脚步，执着地朝南方走去。

吞米·桑布扎已久闻李敬大师的名声，知晓他为人谦逊且知识渊博，想要拜他为师。此般念头由来已久，在启程那一刻便深深扎根于吞米·桑布扎的心中。尽管深知李敬大师收徒极其严格，但他更清楚意志坚定之人从不会被拒于门外。

吞米·桑布扎渐渐走出人们的视线，带着淳朴的当地人关于外面世界的想象，走向更远、更广阔的天地。

拜会婆罗门李敬大师

世界之中尽是风霜雨露，搅扰得世人惶惶不可终日。混沌的江湖中，天有大晴时，亦有大阴时。故而，世人也就难免喜时大喜，悲时大悲。

然而，吞米·桑布扎永远是淡然的，犹如天空中一朵恣意舒展的云。他内心自有一个明朗清淡的世界，在彼处风雨皆是静息的，霜露也都消散尽了。吞米·桑布扎凝神静听那个世界的声响，一切都是缓缓的、静谧的。

他在天竺的街衢上慢慢行走着，全身心感知着雪山之南的气息。由于天竺内岔路口极多，他时常会分辨不清方向。不知向左转，还是向右转时，他往往会在原地待一会儿，看看空中飞翔的鸟群，或是从茂盛稠密的植物中寻找灵感。

待当地人走过，他会上前躬身致意，请教那人李敬大师的住所该如何走。那人听闻李敬大师之名，面容上、眼眸中皆流露出崇敬之意，并以诚挚之语提醒道：

"李敬大师全心清修，甚少待客。"

"多谢提醒。但我知晓，李敬大师从不怠慢虔诚之人。"吞米·桑布扎从未畏惧过路上的任何障碍。

"但愿如此。从此路右拐，而后一直向南便可抵达。"那人为吞米·桑布扎指明道路后便渐行渐远。

吞米·桑布扎沿着那条路向南行走，背后是满树茂盛的枝叶，以及一大片明朗的鸟语花香。

用双脚丈量道路，用信念印证希望。天空中的飞鸟与地上深深扎根的植物，皆是吞米·桑布扎追逐梦想的见证者。

不知不觉，天色便由清亮的宝蓝色转为浓郁的墨黑，星辰与月光还未亮起，世界便整个被黑色之幕盖了个严严实实。倒是有人家渐次点起了油灯，明明灭灭的，带着几丝朦胧之感。吞米·桑布扎已至李敬大师门前，本想就此叩门拜见，但想到时辰已晚，如此冒昧求见自然不妥。故而，他便将随身携带的行囊放于脚下，静静站于门侧，等待黎明到来。

透过半掩的门扉，吞米·桑布扎看到，院落内清净而高洁，一条小径如小溪般蜿蜒流淌，小径两侧是几棵他未能叫出名字的树，树干笔直坚挺，枝叶疏密有度，像极了主人淡泊之脾性。清风携着月华吹来，地上就筛出一片婆娑的疏影，真是好看得紧。树木掩映中，可瞥见屋内透出来的灯光，清瘦的人影映在窗上，让人毫无缘由地肃然起敬。还有那轻轻翻动的贝叶，也让人内心如涨潮似的，忽然之间就饱满起来。

远处传来几声虫鸟的叫声，慢慢地又退回到深浓的夜色中。

吞米·桑布扎觉得四周安静极了，流浪的灵魂仿佛找到归宿一般，稳妥而安宁。他就这样沐浴着月亮与星辰的光辉，在无边无际的夜色中，真实触碰到了文明的纹理，听到了梦想扇动的声响。

尽管双腿站得发麻，吞米·桑布扎非但没有生出放弃之念头，反而愈发清晰地记起父亲给自己讲述的李敬大师的懿行。在父亲的讲述中，李敬大师不仅是一名精通语言的大学者，亦是一名享有极高荣誉的婆罗门。

在梵语中，婆罗门意即"祈祷"，是天竺最崇高的种姓，也是天竺知识人群的最高代表。通常，婆罗门颜貌端正，雅静而高洁，不染俗世之尘埃，不理红尘之琐事。他们一心修行，遁入忘我之境界。李敬大师之修为更是高于常人，其知识成就自是不必多言，其高尚德行更是令人拜服。

吞米·桑布扎站于门侧，等待着黎明之光驱走这浓烈的黑夜，也等待着李敬大师之学问嘉行驱走他精神世界的荒蛮。

第四章 天竺求学：文字的智慧拔节生长

智者之眼总是能窥见万事万物，哪怕对方站于稠密的夜色中。

李敬大师何尝不知门外自夜幕四合时便站着一个人。那人姿态郑重，毫无轻浮之形；眼神之中溢满坚定之意，蘸着星辰之辉，熠熠闪光；身形挺拔矫健，不惧岁月给予的磨难。月光把他的影子斜斜地拖到庭院中，几个时辰过去，竟丝毫未曾挪动。

天竺的雨，来得匆忙急切。前一刻钟是星辰与月亮合奏轻盈之夜曲，不消几时便是乌云积聚，天空下起瓢泼大雨。吞米·桑布扎顷刻间便被淋得湿透，却未曾想找个地方避一避。

世间多的是突如其来之事，总不能时时逃避，况且刻意躲避也未必善终。与其不情愿地去忍受，倒不如坦率而安然地接受。暴雨终会离开，晴日必会到来，何必仓仓皇皇。

李敬大师听到雨打叶片之声，便将手中的贝叶经放于案上，站起身来走至窗边。电闪雷鸣中，他瞥见门侧那人纹丝不动，像接受上苍恩赐那般接受雨水的洗礼。正是在那一刻，李敬大师决定收他为徒。

黎明终至，大地一片清明，天光慷慨如斯，万物皆从沉睡之中苏醒过来。

吞米·桑布扎深知清晨之时李敬大师定要礼佛，故而并未即刻叩击门扉。他明白万事讲求缘法，缘未修成时，唯有静静等待，而非莽撞去寻。

李敬大师的院落内先是寂静无声，而后随着阳光渐渐炽烈起来，没多久，便开始响起笤帚轻扫落叶之声，声音从台阶处慢慢向门口蔓延。吞米·桑布扎默然以待，等待命运转出柳暗花明之景。

"吱呀"一声，门扉打开，李敬大师拿着笤帚走到门外。

两人相对，是上苍最为得意的安排。

吞米·桑布扎双腿跪地："请受弟子一拜。"

李敬大师的笑声即刻荡起，惊动了林中之鸟："你如何得知我定会收你为徒？"

"心意使然。心坚，志定，足矣。"吞米·桑布扎并未站起，声音铿锵有力，底气十足。

李敬大师内心震颤，再未言一字，躬身将跪在地上的吞米·桑布扎扶起。

自此之后，他们是师徒，亦是探求文明路上的同伴。

一切都将重新开始。吞米·桑布扎也将由此开启一趟全新的旅程。

恩师的关照

那是一个明朗的日子,天光将肆意生长的枝叶濯得赤亮,鸟儿漫天遍野地鸣叫,仿佛会叫到天荒地老。

吞米·桑布扎静心沐浴,将多日来积聚于肌肤以及心间的污秽与困顿,耐心地擦拭而去。水之温度如月牙攀上树梢,清爽而适宜,让他的心灵渐渐恢复如初,鲜活而富有朝气。

随后,他将身上的水珠抹去,换上李敬大师送给他的衣服。这件衣服与他先前所穿的衣服大有分别,是天竺特有的样式。他并未介意,既然置身他国之地,潜心学习他国之文化,自然要先接受他国之习俗。

吞米·桑布扎收拾妥当,便叩响李敬大师所在房间的门扉。三声之后,门扉开启,李敬大师站于门内示意他进来。

屋外是热闹的红尘,色彩斑斓,像是争宠的春花,急切地想要渲染周遭,浸没整个世界。而关上门后,这浓郁的一切像被直截了当地拒绝了似的,仿佛从未存在过。屋内只有黑白两色,却未让人产生单调之感。明亮的天光与喧嚣的鸟鸣统统打了折扣,由张扬变得温和,甚至连灼人的暑气与燥热也全消了,让人感到舒怡而沉静。

一扇窗户与一扇门,仿佛隔开了两个完全不同的世界。一个属于市井人家,一个属于潜心修行者。

李敬大师未说任何话,只是任吞米·桑布扎尽情饱览眼中所见。吞米·桑布扎亦未说只言片语,静默着观察这一切,任由心间荡起一波又一波惊奇。

是的，他惊奇于这个小小的书房所蕴含的能量，以及其所承载的文化重量。木质的搁架上，放置着一摞摞书籍。翻开一张张贝叶，字里行间皆是密密麻麻的注脚，下笔谨慎而端庄，像是一种深思熟虑的警示，关于如何为人，或关于如何做学问。他小心翼翼地伸手去触摸那些美丽的文字，闭上眼睛感受手上的温度，仿佛感受到了生命的回应。

清风从门缝吹进来，屋内与屋外便又有了关联。但两者到底是不同的，吞米·桑布扎望向李敬大师，眼神之中是渴望，是希冀，是梦想的倒影，是文明的翅羽。他一步步走向李敬大师，足音铿锵，坚定有力。至李敬大师面前时，吞米·桑布扎双腿跪地，俯首而拜，礼节之重，令屋内之书都动容。

吞米·桑布扎道："吐蕃日盛，却无文无字，实感贫瘠。跋涉万里，看淡生死，只为拜于门下。深知文字难学，极耗精力，但心意已决，无成便不归。请明示弟子。"

这一番话是肺腑之言，足见吞米·桑布扎誓死学文之意。

李敬大师久不作声，而是动身走到一排排木制搁架前，将放于其上与语言有关的书籍全部搬出，置于屋内的书桌上。半个时辰过去，这些书籍堆了一人多高。

"这只是暴雨之一滴，冰山之一角。将其全部记于心间，并活用于万事万物之中，方有学成之可能。其间所受之苦，或甚于跋涉万里途程，你是否愿意踏上此路？"李敬大师并非危言耸听，他见过太多半途而废之人，起初信誓旦旦，最终一事无成。

"苦与乐相对，悲与喜相称。大苦之后是大得，大悲之后是大喜。我愿承受所有苦楚，而后也担得起梦想成真之重量。曾与死亡只有一步之遥，体悟到生命延续之义在于追逐。遗憾，比受苦更煎熬。"吞米·桑布扎从未说过如此多的话。在他看来，缄默是一种不可言喻的力量，而今他也懂得倾诉会让自己更为坚定。

李敬大师听到如此言语，再无任何疑虑。多年来，他从未碰到过像吞米·桑布扎这样心志笃定的弟子。这是上天所赐之缘分，弥足珍贵。

李敬大师转过身，面窗而站。透过那方窗户，他看到一只飞鸟从树梢上掠过，再远处是碧蓝而辽阔的天空，天空之外是藏匿着无穷想象的广袤世界。他想，吞米·桑布扎应该属于那个无可限量的世界。

文字，一笔一画，书写着大千世界，记录着万古文明。它承载着逐渐暗淡退去的过往，也渲染着姗姗走来的未来。它无所不在，拨弄着每一根时间与空间的纤维。

吞米·桑布扎沉浸于文字的海洋中，废寝亦忘食。如若说世界是一片未知的深蓝海域，他便是一条自由游弋的鱼。海面之下深不可测、暗流涌动，海面之上辽阔无垠、生机无限。他时而在海底探知新世界，时而露出海面呼吸新鲜空气。

日子从文字间滑过，不留任何痕迹。白昼与黑夜轮换交替，日光与月华轮番倾洒，世界仍是常人眼中那般模样，花草遍地生，鸟鸣处处啼。但对于吞米·桑布扎而言，一切皆与往常不同了。

此前跋山涉水，是在荒蛮的世界里翻滚挣扎；如今潜心学习，是在精神世界里遨游。前者会受肌肤之苦，后者会受精神之苦。而无论是哪一种苦楚，吞米·桑布扎皆默然吞下，坦然面对向他涌来的一切。

在知识的海域里游弋，他始终保持着谦逊的姿态，此是尊重古人做出的学问，亦是为尊重师者。每每遇到不懂之处，他皆会躬身向李敬大师请教，言辞谦卑，举止合乎礼仪，将姿态放得极低，等待此后某个时刻孕育出一朵绚丽之花。

他又是格外用功的，时光珍贵，分秒如金，他要赋予这有限的生命无限的意义。天光初露的黎明，燥热难耐的正午，雾霭升腾的傍晚，以及万物熟睡的子夜，皆是吞米·桑布扎学习的时刻。看完李敬大师指定的书籍后，他又从木制搁架上拿下几本继续钻研。

吞米·桑布扎心中日渐有了积淀。于林中散步时，那茂盛生长的植物，在他眼中隐约有了模糊的字形，带着灵动的气息，慢慢向他靠拢。然而，等他再仔细看时，那些字形又倏然消失得毫无踪迹。他深知，此是因学问未成，还需继续学习与修行。

李敬大师与吞米·桑布扎长时间相处后，愈来愈确信吞米·桑布扎完全经得起平淡的日子，狂风或是骤雨，皆难以使他动摇。李敬大师暗自欣赏着这个来自吐蕃的弟子，对其格外关照，时常亲自为其指点一二。

学而无涯，无所终时，吞米·桑布扎在这条路上继续前行，品味着苦难开出的耀目之花，感悟着生命最初的惊喜。

大乘佛教的奥妙

那是一个雾霭弥漫的午后。

夕阳之光柔和而温煦，散散漫漫地铺在印度洋的海面上，一半瑟瑟，一半泛红。群鸟都飞得倦了，静静地栖于树枝上，等待着夜幕渐渐笼罩天地。街衢上的行人渐渐散了，贪玩的稚童循着炊烟之味朝家门奔去。

一切都是静谧的、安详的，仿佛这个世界从未有过喧嚣与熙攘。

吞米·桑布扎刚刚将一本与诗歌有关的书看完，心间跳跃着某些未成形的字音与字形。他竭尽全力去捕捉这些隐约出现的模糊印象，却时常是惘然。

"时候未到，功夫未成，还须修炼。"吞米·桑布扎在沮丧之际，亦不忘激励自己。

时光倏然而走，从未刻意等过任何人。天色到底变成了一团浓密的墨色，吞米·桑布扎像往常那样起身到屋内一角去拿烛台。从书桌到烛台的路，他是走惯了的，不知为何那一次却觉得处处陌生，以至于走路时不小心将书架上的书碰得七零八落。

夜间的风从开着的窗子吹进来，火苗摇摇晃晃，欲明将暗，像是藏匿着某种预言或是讯号。吞米·桑布扎蹲下身去捡拾散落在地的书籍，却猛然间停住了手。那些书仿佛带着一种天然的吸引力，在那里静静等待着某个有缘人将其碰落，再将其拾起。

吞米·桑布扎长久地蹲在原地，一本本翻阅着那些书。一行行文字摄入他的眼,再渗进他的心,让他全然忘却天空与大地,忘却自己所处之地,甚至忘记自己的姓名与年纪。虽然他一时之间并未领悟字里行间的奥妙与无尽之意,但他的心灵已在这些书的浸润中,渐渐变得安静祥和,变得明朗清晰。

窗外重重叠叠亮起万家灯火,几声蝉鸣衬得墨色的黑夜愈加静谧。白昼落的雨,将天空洗得鲜亮,星辰之光与月华交相辉映,世间有一种难以言喻的大美。

书籍之名是《般若经》《华严经》《法华经》《大般涅槃经》《无量寿经》。这些书像是只有谜面未有谜底的谜语,吸引着吞米·桑布扎沉浸其中寻觅答案。

不知何时,李敬大师已经站在他身后,静静看着他如饥似渴地翻阅那些书。

"是否已看出其中奥妙?"李敬大师的声音好似黑暗中的火烛,带着光明的启示。

"只觉其中另有一个清幽静谧的天地,却未曾全然明悟其中之意。请问师父,此为何?"

吞米·桑布扎之言辞如往常那般恭敬谦逊,却又多了一份期待与饥渴。

"是为大乘佛法。"

"何谓大,何谓小?"吞米·桑布扎的求知欲一贯强烈。

"大者对小之衬,是开一切智之教,是涅槃之教。《法华经》譬喻品曰:'若有众生从佛世尊闻法信受,勤修精进,求一切智、佛智、自然智、无师智,如来知见、力、无所畏,愍念安乐无量众生,利益天人度脱一切,是名大乘,菩萨求此乘故名为摩诃萨。'为师这般言说,你可懂?"李敬大师对吞米·桑布扎这般耐心。

"大乘佛法如此深奥,还需自己研习、领悟、消受。"吞米·桑布扎求学从来皆是讲求甚解,领悟其中精髓,从未企图囫囵吞枣。这也是他进步极快之所在。

"大乘佛法结有缘之人。如若喜欢,可将这些书拿去,遇到不懂之处,可随时询问。"

李敬大师心胸开阔，愿为虔诚者做一个摆渡人。

吞米·桑布扎的眼眸中布满星子之光，明亮而绚烂，像是飞翔着的温热希望。他再未说一字，但李敬大师明白缄默与好学便是他最诚挚的谢意。

天边之云变幻出万千姿态，倒映在横波流转的水中，便又衍生出万千样貌。云卷云舒之间，嘈杂喧嚣的世界仿佛也变得纯粹静谧了。这并非幻觉，而是心静如水之人创造出的一个可包容万物的无垠天地。

三个月很快在枝叶的缝隙间滑过。那日，三更已过，油灯欲明将熄。吞米·桑布扎趴在那些翻开的书上渐渐睡熟。梦境之门悄然开启，吞米·桑布扎迈步踏入。那里阳光温和，却未见阴影；人们心性平和，未有高低贵贱之分；时光舒缓，未见喧嚣与急躁。一切皆是恰好与舒怡。

吞米·桑布扎坐在角落静静欣赏眼前即见之景时，有一个须发花白的老者朝他走来，并坐于他身侧。最初，两人皆沉默不语，但毫无尴尬之感。约莫半个时辰之后，吞米·桑布扎开口说道："无欲无求，众生平等，此般境界如是圆满。"

老者抚摸花白的胡须，如是而言："此是大乘佛教之精髓。"

"请尊者细言其中奥妙。"吞米·桑布扎起身对着老者躬身叩拜，姿态谦逊。

老者起身将他扶起，并示意他如刚才那般坐下。随后，老者说道："佛本慈悲，包容万象，不必多礼。大乘佛教以救度一切众生为本怀，内涵精深而圆满，境界广大无垠，修行虔诚而至信。"

吞米·桑布扎闭上眼睛静静听着，并将其烙刻在内心最深处。

等他睁开眼睛时，老者已经消失不见，那般祥和的场景亦无影无踪，眼前是熟悉的房间，书桌上放置着与大乘佛教有关的书籍。天光明亮，照进屋内，万事皆毫发毕现。

吞米·桑布扎走至门外，看到枝叶簇新翠绿，天空碧蓝如洗，云朵随意浮动，群鸟自如翱翔。他拿起笤帚轻扫院落，地上留下一道道划痕，像是一条条神秘的线索，指引他走向一个全新的世界。

他回头去看那些划痕，却看到李敬大师正默默地看着自己，眼眸之中满是信任与期许。豁然之间，他懂得了昨晚的梦境，心中荡开一个辽阔无垠的天地。

问学于达拉日巴班智达

时间走得悄无声息,春花凋谢,秋叶飘零,世人仿佛皆是无知无感的,待某个时刻察觉时,难免会叹惋一番。

不知不觉间,吞米·桑布扎已在李敬大师座下学习三载。回顾昔年时,吞米·桑布扎不禁感叹,时光为何这般不着痕迹,这一千多个日夜竟如惊鸿照影般没了踪迹,神不知鬼不觉地就与他隔了天涯海角的距离。

细想之下,倒也不觉得伤感。毕竟这些时日皆是饱满而丰盈的,年轮的针脚亦是密密匝匝的。吞米·桑布扎不断积累诗歌、文字、语法等知识,为创制属于吐蕃的文字打下了坚实的基础。他对知识与文明的渴望是那般浓烈,凡是所看之书皆留下繁密细致的注脚,随时记录学习所得,思考缘由,以及斟酌与疑问。

李敬大师第一次看到吞米·桑布扎写下的注脚时,便知这个弟子日后必成大器。学习的日子如此寂寞、如此平淡,而他始终怀着一颗渴求之心,做出飞蛾扑火的姿势,探求这广袤辽阔的世界。

不管岁月如何变迁,时日如何奔涌,吞米·桑布扎始终带着成熟的天真,刻意疏远那些世故与俗务。他勤勉耕耘,为自己开垦出一片干净的天地,以随喜之态沉浸其中,因而生命始终迸发着最初的朝气与韧性。

三载风雨与晴日,一颗笃定执着心。时光终会善待这般努力之人。

那一日的黄昏,周遭格外宁静。燥热的暑气渐渐退却,风中带着沁人心脾的凉爽之意。吞米·桑布扎放下手中那本以梵文写就的诗歌集，起身准备晚膳。晚膳一般极为简单，一碗汤粥，不沾荤腥的小份素菜，诸如白豆腐、紫苏叶之类，有时也会食几枚小橘，或是一根香蕉。三年来始终如此，是为克制体内某处升腾起来的欲望，因而将其视为一种神圣而不可更改的盛大仪式。

恰在此时，李敬大师走进屋内，看着古老餐桌上见底的清淡晚膳，既感欣慰又觉疼惜。他深知，吞米·桑布扎所走之路漫长而艰险，时时需与喧扰的外界周旋，故而平日里见他如此控制食欲，磨炼心智，便任由他去。而今时今刻，李敬大师终忍不住说道："再加一些餐食。"语气一改往常之温和，像是一种不容置疑的命令。

吞米·桑布扎怔在原地，不知师父此言何意，因而放下碗筷，谦逊地问道："弟子一向如此，愿师父明示。"

"三年有余，积淀已深。明日，你需背上行囊，拜访达拉日巴班智达，以获更深功力。"

李敬大师说出此番话，转身便为吞米·桑布扎取来果腹的食物。

这一次，吞米·桑布扎并未拒绝，而是将师父端来的食物一点不剩地吃下。胃里的饱满感，让他愈加感激生活拐角处每一次不约而至的惊喜。吞米·桑布扎久闻达拉日巴班智达之名，知晓其深谙声韵学，如若在他座下学习，定会有所增益。

那日夜里，他睡得极熟、极静，无梦，无虑，唯有饱满的希冀充盈心间。清晨醒来，但觉连日学习的疲惫与困顿尽消，如新生之枝叶，清新而富有面对大千世界的力量。梳洗过后，他便叩开李敬大师的门扉，双膝跪地叩了三次头，以表内心无限敬意。

"所去途程艰险，声韵知识难学，愿你皆能胜任。"李敬大师的嘱托如此简约，语气中带着满满的信任。

"请师父放心。"世间并无难事，唯有用心与无心之别。

道路婉曲折回，脚步轻快有力。自此之后，吞米·桑布扎又会体味到另一种淋漓的人生，另一种极致的生命。

十日有余，吞米·桑布扎抵达达拉日巴班智达的住所。那是一座极其简单的房屋，院落中只种有一棵古树，屋内倒是整洁有序，从中亦可看出主人之轻简品质。

吞米·桑布扎将单薄的行李放于脚边，向达拉日巴班智达报上自家姓名与师者之名，随后便行弟子之重礼。

达拉日巴班智达之品行与李敬大师全然不同，李敬大师对万物抱有悲悯之心，以温热之意对待众人，达拉日巴班智达则以淡然之态面对万物，仿佛整个世界皆与他无关。因而，当吞米·桑布扎跪拜时，他并未给予回应，而是将其撇下，独自回房继续未完的研修。

吞米·桑布扎在生活熔炉中修炼许久，早已修得一颗坦然之心。故而，他并未介怀，而是站于古树之下，耐心等待达拉日巴班智达接纳自己。

风雨大作，枝叶摇曳撼动，惊雷与闪电劈空而来，作势要将一切拔地而起。屋门紧闭，酥油灯火光闪烁，吞米·桑布扎全身湿透，却没有躲避之意。夜色与雨声交织在一起，换了旁人定会生出面对世界末日的惶惑感，但吞米·桑布扎知晓这一切不过是上苍特意安排的一项考验，黎明到来之时，天光定照进心扉。

追逐梦想，自担得起路上的狂风与骤雨。

清晨，天光漫洒。达拉日巴班智达抱着一沓书走至古树下，吞米·桑布扎毕恭毕敬接过。吞米·桑布扎深知其价值，自当更加珍视。达拉日巴班智达仍是一副不关己事的模样，但吞米·桑布扎窥到了他那颗怦怦跳着的热忱之心。

印度洋的海水翻腾涌动，群鸟飞过夕阳却不留痕迹。心有所属，逐渐泊船靠岸，这一段值得回忆的时光，承载着喜马拉雅山山麓之北的吐蕃文明。

还有多久才能学成而归？

是否能完成肩上使命？

那潇潇而过的风声，算是吞米·桑布扎的答案。

第五章

梦回吐蕃：身在异国心念故土

    吐蕃的疆域在松赞干布的雄心下不断拓展，孙波、白兰、党项、象雄等部纷纷归顺，吐谷浑也被击败，这累累战果甚至让吐蕃升起了与唐朝相较量的欲望。而身在天竺的异乡人虽无法确切知晓故土的荣光，也无人分享心中的喜悦，但他还是隐约感觉到了使命的召唤：千古功绩、万古山河，没有文字的记载，终将成为历史的尘土，任凭后人随意杜撰涂抹，而他的使命就是把活的文字带回家乡。他要像家乡的吞巴河一样，在迂回婉转中仍然记得前行的方向。

会行走的记忆

先前走过的路,渐渐消散于潜入夜的风中。眼前学习的路,才刚刚开始。即便未能看至尽头,终是有方向可循。

吞米·桑布扎赶路从不与人相争,染得一身清露,也落得一身花香。他自然有疲惫与困顿之时,但那不过是一时的脆弱,唯有那趁人毫无防备之时冒生出来的往昔记忆,最是折磨人。在学习文法时,在极目远眺时,在闭目沉思时,甚或是在睡梦中,昔年旧月便肆无忌惮地闯来,叫人无可奈何。

吞米·桑布扎清晨猛然从床上坐起来,知晓自己又做梦了。

梦中战马奔腾,黄沙漫天,旌旗猎猎。战场并非在吐蕃之逻些城,而是在象雄之穹窿银城。穹窿银城依地势而建,与高耸的山峰浑然一体,牢不可破。但松赞干布仍带领千军万马,浩浩荡荡攻进城中。

黄昏之时,胜负尘埃落定,吐蕃之旌旗随风飘于天际,像是雪域高原上永远开不败的格桑花。盛极一时的象雄终于归降吐蕃。然而,在凯旋途中,松赞干布反倒比往常更加忧心忡忡。夕阳将每个人的影子拉得悠长,仿佛欲断还休的悲伤与落寞,幽幽地蔓延至天际。

"这份荣光是否会掩埋于土?历史风尘是否会记得吐蕃今日之辉煌?文明之火种是否会燃烧于每个臣民心中?"松赞干布望着天上那随意变换姿态的云,想起不知身处何方的吞米·桑布扎,也想起了创制吐蕃文字的愿望。

朔风呼啸,没有人作答。

吞米·桑布扎在梦中几次欲答,却说不出一句话。他朝着松赞干布大声呼喊，却得不到任何回应。

"相信我！"他挣扎许久，这三字终是脱口而出，却发现已置身梦境之外。天空明朗澄净，阳光洒满整个屋子，光的纹路在摊开的贝叶上更是清晰可见。许是昨晚落了雨，古树的叶子比往时更添一份青翠。

吞米·桑布扎起身走至院落中，晚间的梦境亦跟随入院。不知为何，自拜达拉日巴班智达为师学习音韵学以来，吞米·桑布扎总有种恍惚之感。逻些城像是魅影一般，时时行走至他的梦境中，以至于他的形影比刚来时消瘦许多。

书中之字无法入眼入心时，吞米·桑布扎便索性起身到门外的小径上散步。达拉日巴班智达的住所藏于深山之中，房屋四周林木耸秀，凉风袭来，鸟鸣而幽，云烟万状，吞米·桑布扎随心行于其间，却仍有梦境与回忆来叨扰。

终于，他忍不住叩响达拉日巴班智达之门，将心中疑惑倾诉于师者。

"连日受故地梦境之扰，无力排解，心绪难平，还望师父指点一二。"吞米·桑布扎跪于地上，形容枯槁，面有倦容。

"积淀越深，学识越厚，思家便越切，此为人之常情，不必过于烦扰，无须刻意压制，顺其自然便好。"因吞米·桑布扎谦逊敬师，达拉日巴班智达十分喜爱这个弟子，看到他如此苛待自己，于心不忍，便尽力为其纾解心中烦忧。

"如若被感情羁绊过深，是否会影响学业？"这是吞米·桑布扎最为担忧之事。

"心宽，志坚，足矣。"达拉日巴班智达再未多说一字，他深知这个弟子已然领悟。

吞米·桑布扎听闻师父之言，深深叩头致谢。随后，他慢慢退至门外，看到翩然飞过的鸟群，心中有种豁然开朗之感。

记忆是往日之痕迹，是牵挂之象征。为那些惦念腾出一片芬芳之园，求学生涯才不至于太过单调与寂寞。

初春时来至这片轻简的院落,暮秋时背上行囊准备离开。如水的时间真是禁不起细细咂摸品味,仿佛一眨眼的工夫便为那许多时光贴上"曾经"的标签。

吞米·桑布扎将达拉日巴班智达所教授的知识全都烙刻心间,胸中充满感激之意。临行前,他跪于师者面前,久久不起,眼眶濡湿。师者亦未即刻躬身将其扶起,而是任由他以这种方式倾诉内心充沛的感情。

路过之所皆是驿站,停留之地皆成回忆。来到天竺之后,吞米·桑布扎才体悟到,天竺并非他的终点,启程之地逻些城才是他流浪之旅的尽头。

背着简单的行囊,他穿梭于茂密的丛林中,朝着李敬大师修行之所走去。道路迂回曲折,略带沧桑之状的风拂过万千枝叶,最终落于行者之身,留下阵阵清脆的醇香。空中无云,干净而清澈,犹如一面不染尘埃的镜子,将世间万物之本相皆照耀得清晰无遗。

吞米·桑布扎行走其中,只觉内心舒怡,呼吸平稳。回忆纷至沓来,他不刻意躲避,亦不再觉得烦扰,而是任其像纯净之水那样缓缓流过心房,浸润因跋涉而感到疲乏的灵魂。

天气不再像夏日那般炎热,及至傍晚时分尤觉清爽。身后走过的路早已掩于林木之中,前路亦是被枝叶遮挡,显得幽深漫长。夜色渐渐浓郁,周围愈加寂静,风声则更为清晰,乍听之下倒有种唬人的怪异之感。吞米·桑布扎丝毫未觉得惧怕,反倒体味出一种静默之美。

于是,他踩着倒映在地上的疏宕月影,回忆着逻些城或是家乡村落里的年少趣事,一步步向前走去。

吞巴河，抹不去的儿时趣事

几场秋雨过后，天气蓦地凉了。秋叶瑟瑟地离开枝头，落于行者脚边。

吞米·桑布扎加了一层衣，将衣领裹得更紧一些。四时几番轮转，心境仍一如既往，平和、宁静、安然，不与万物争持，而只与内心那个自己做不退不让的较量。

天上的云，不知何时变得丝丝缕缕，像是剪不断的乡愁，像是在引领吞米·桑布扎走上回家的路。吞米·桑布扎迈着不紧不慢的步子，望着那些如丝缎般的云彩，不禁感慨万千。岁月只管跌跌撞撞前行，丝毫不顾及世人能否追得上它的脚步，因而世间多的是无声胜有声的喟叹。

独处异乡，自然有异乡客的伤感。异地的万事万物，好似一座横亘在遥远途程之上的木桥，桥下水波荡漾，涌动着诸多愁绪；桥上是天涯海角的距离，是望眼欲穿的惦念，是会让人想起故乡的引子。

吞米·桑布扎在林间穿行许久，来至一个拐角处。还未转弯，他便听闻一阵潺潺之声，混合着啁啾的鸟鸣，像是丛林专为路过之人送上的一支协奏曲。吞米·桑布扎猛然间停在原地，置身一片日渐显露萧瑟之意的山林之中，静静地倾听那一片还未看见的景致。

在那个时刻，他竟有些自欺欺人起来，一厢情愿地认定拐角处传来的潺潺水声，就是家乡的吞巴河。于是，他暂时放下行囊，不再往前走，坐于一棵古树之下。秋风吹来，树叶簌簌地飘至他的脚边，像是一种贴心的安慰。

异乡人素来便有睹物思乡的情愫，而吞米·桑布扎则是闻声思乡，如此可见这份惦念有多重。

秋意浓，漫天回忆舞秋风。有些人和事，当初经历时不觉有何深意，也不觉有何惦念的价值，日后回忆起来，才猛然体悟到那些日子如上佳的锦缎一般，带着丝滑温润之感。遗憾的是，它们或是化作天边绚丽的虹，或是凝成心底深刻的疤，那些"不如重新来过"的话也不过是说说而已的笑谈。

吞米·桑布扎听闻那时而激越、时而舒缓的水声，内心就那般自然而然地伸出触角，将那扇关着吞巴河记忆的门扉轻轻打开。那些带着温润色泽的往事，多半发生于六七年之前，而对吞米·桑布扎而言，那仿佛是上个世纪的事。

确实，时间是最厉害的盗贼。

吞巴河，是吞米·桑布扎家乡最清澈、最弯曲的一条河。村落绿树掩映，疏影横斜，鸟鸣啁啾，别有意趣。高山叠回往复，河水也随之蜿蜒流淌。家乡并不大，家家户户皆相识。老者时常聚集于古树下讲些古老的传说，大人们时常到农田里耕地，幼童们则在村落里玩捉迷藏。

这个村落，犹如陶渊明笔下的桃花源，阡陌交通，鸡犬相闻，黄发垂髫，怡然而自乐。吞米·桑布扎最喜欢与邻家的同伴赤脚在河边嬉戏打闹。河边种植着各种树木，他与同伴张开双手也无法将其抱住。他听说，这些树的年纪比村中最年长的老者还要大。

村落中的人们之所以对这条河如此喜欢，除了它养育着当地人这个缘由外，还在于这条河带着神秘的传奇色彩。

那一天，吞米·桑布扎和同伴们在吞巴河捉了一条很大的鱼，鱼身在阳光下泛着金黄之光，像是丰收的青稞。吞米·桑布扎欢愉至极，将其放在携带的瓶中。他与同伴一路跑着，想要将这个好消息告诉正在田垄里犁地的父母。

吞米·桑布扎飞奔着路过一棵大树时，看到三五个须发花白的老者坐着讲故事。他一向喜欢听老者说故事，尤其是当他听到"吞巴河"三个字时，便即刻停下来，坐于那棵藏青杨古树下，紧挨着那位讲故事的老者。

老者看着吞米·桑布扎瓶中乱蹦的鱼，饶有兴致地问道："鱼从何处来？"

"于吞巴河中捉来。"那时的吞米·桑布扎年纪尚小，满脸洋溢着自豪之色，声调亦扬得高高的。

"此鱼异于其他，吞巴河亦是传奇之河。传奇之河产传奇之鱼，如此相得益彰。"老者以手抚须，转身望向在阳光下泛着明朗波光的吞巴河。

一段关于吞巴河的故事便从老者的口中活灵活现地讲述出来了。那个故事带着浪漫的气息，穿过苍茫泛黄的岁月，清晰地烙印于吞米·桑布扎脑中。自那天之后，每当他走过吞巴河，或是想起吞巴河时，这个故事便会袅袅地浮现在脑际。

有一天，吞巴村里忽然走进十二位下凡的仙女，仙女翩如惊鸿、矫若游龙，姿态清丽而未有媚态，歌喉婉转动听，舞姿柔美脱俗。村落中人一向热情好客，便纷纷邀其还家，以馥郁的青稞酒、香醇的糌粑款待。仙女们沉醉美食与美酒中，亦沉醉于吞达村幽静而美丽的景致中，有种艳羡红尘之感。

时间匆匆，转眼即是返回天庭之日。仙女们虽流连忘返，却不得不离开。而最小的仙女一夜未眠，终于决定永远留在吞达村，化作卡热神山守护这一方纯净的土地。小仙女心意已决，其余仙女相劝无用。最大的仙女因与妹妹难舍难分，情不自禁流下眼泪，泪水晶莹剔透，滴滴落于地上，不消几时便幻化成潺潺流淌的吞巴河。随后，姐姐变为穷母岗日神山，与妹妹遥遥相望。而吞巴河便在两座神山的守护下，日夜流淌，滋养着淳朴的村落。

老者的故事讲完时，黄昏已至。天空由宝蓝变得粉黄，云霞渐渐镀上殷红之色。吞米·桑布扎站起身来，望望那两座守护着村落的神山，而后拿起装着游鱼的瓶子，慢慢向吞巴河走去。

粉黄的天空又转为褐色，吞米·桑布扎将那条鱼放回吞巴河里，给予它自由。

回到家时，天空已是纯正的墨色。院落里点起油灯，父母与老仆人正等待与他一起进餐。在餐桌上，吞米·桑布扎将听到的故事讲给父母听，也讲给自己听。

那时的吞米·桑布扎并未想到,有一天他会离开吞达村,离开那条藏着诸多故事的吞巴河。他只是遵循心的指引,在每一个起风的日子尽情生活,以不负只此一次的年少时光。

如今,他在天竺的丛林里,听着潺潺的水声,才忽然明白,吞巴河里藏着他对故乡全部的记忆。

秋风乍起,秋叶纷纷落下,吞米·桑布扎终于站起身,向着异乡之河走去。

夜半惊梦

　　老去，真是一件令人惆怅的事。世人眼睁睁看着镜中的脸庞添了皱纹，青丝染了秋霜，却只能无可奈何地长叹一声。

　　吞米·桑布扎之父吞米·阿鲁就这样染了岁月的风尘，渐渐失去了那股意气风发。凡是有重大决议时，他皆稳稳地站于大殿一角，静静地看着其他大臣慷慨陈词，争个不休。往昔，他也和这些大臣一样为吐蕃之繁荣慷慨陈词、增砖添瓦。而自从吞米·桑布扎离开逻些城后，他那颗进取的心仿佛被抽走一般，空空荡荡。

　　松赞干布看着他独处一隅，一副心灰意懒的样子，便知晓他所思所想。松赞干布在议事结束之后，有时会单独将他留下来。两人一主一臣，虽立场相异，但心中烦忧皆与吞米·桑布扎有关。

　　四季变换，吞米·桑布扎仿佛如蒸发的空气，未有只言片语传来。他是否已抵达天竺，是否拜师学文，是否能承受天竺之暑气，是否能安然无恙归来？这些疑问犹如蠹虫一般，一点点吞噬着松赞干布与吞米·阿鲁的心。

　　日子每流逝一天，他们便要多承受一分痛楚。此为心病，唯有系铃人方能解开。

　　吞米·阿鲁一向怕热，因而在晚间睡眠时，他通常都不会将窗子紧紧关上，而是将其轻轻虚掩，以便凉爽之风吹来屋内。

　　那一天，吞米·阿鲁吃过晚餐之后，困顿之意随即袭来。他将窗子虚掩，便早早睡下。夜半三更，乌云席卷，月亮与星辰瑟缩其后，狂风亦来作乱。忽然之间，骤雨大作，狂风狠狠拍打着窗子。

吞米·阿鲁的额头满是滚烫的汗珠，枕头全部湿透。他的梦中亦是狂风携着暴雨，雨噼里啪啦地敲在心上。他梦见吞米·桑布扎在荒野中踉跄而行，周围皆是阴森的魅影，以及伺机而动的凶猛兽群。吞米·桑布扎的身形那般清瘦，仿佛只剩几根骨头一般。他不停地大喊救命，却没有一个人前来营救。兽群慢慢靠近，暴雨将一切都淋透。

忽然之间，一只猛兽张开大嘴，露出锋利的牙齿，径直朝着吞米·桑布扎扑去……

狂风"砰"的一声将虚掩的窗子推开，倾盆大雨霎时灌进来。吞米·阿鲁大叫着从床上坐起来，大口大口地喘着气，窗外的闪电照亮他满是惊恐的脸。

妻子亦随之醒来，知晓丈夫又做噩梦，她起身拿来一条湿毛巾，为丈夫擦去额头上的汗珠。那一夜，夫妻俩靠墙而坐，紧紧牵着手，一直到天边露出鱼肚白。

吞米·阿鲁那个噩梦，并非毫无征兆，倒像是冥冥之中天意的指引。

由于长时间在烈阳下赶路，吞米·桑布扎回到李敬大师的住所后，便晕倒在地。最初几天，吞米·桑布扎卧床不起，食欲大减，脸色迅疾变得蜡黄。此为中暑之症状，李敬大师将自己预备的解暑药赠予吞米·桑布扎，让其服下。

解暑药药效极好，服下之后通常半天便可好转。而吞米·桑布扎一连服用三次，非但未有好转之征兆，脸色反而由淡黄转为苍白，双眼深深地凹下去，身形也在几天之内便只剩一副骨头架子。李敬大师派其他弟子去请镇上最有名的医生，却因当时天竺分裂征战不断，负伤者极多，医生分身乏术，耽搁了好些时间。

因天竺靠近赤道，虽已是秋日，暑气却仍未散尽，甚或偶有回潮。吞米·桑布扎躺在床上，神志渐渐模糊，双眼渐渐闭上。即便如此，他干裂的双唇仍然蠕动着，拼尽全力地说些断断续续的字句。李敬大师将右耳贴于吞米·桑布扎唇上，听到他说：

"我不能……不能……死去，吐蕃不能……不能……没有文字。"

"上苍慷慨，愿再赐我一段生命。"

"所求不多，唯求文明延续……"

吞米·桑布扎还要说些什么，李敬大师却已泪洒衣襟。生命的意义，不在其长度，而在其厚度。吞米·桑布扎不忘使命，即使深受疾病折磨，也矢志不渝。

汤米不咽的那一日，医生终于到来。经过专业诊断，医生确诊吞米·桑布扎所患疾病为虫豸病，若再多耽搁半天，吞米·桑布扎便会死去。

李敬大师在镇上颇有声望，此时却不顾身份双膝跪地，请求医生挽救吞米·桑布扎的生命。医生急忙将李敬大师扶起，表示定当尽心竭力。

弥留之际，吞米·桑布扎仿佛听到了父亲的呼唤，声音中满是惊惧与担忧。一向坚毅伟岸的父亲，竟如幼童般哭泣。而吞米·桑布扎则像成熟的大人，不停地安慰父亲，说自己会安然无恙地归家。

吞米·桑布扎亦看到了松赞干布那张略带忧伤的面孔。松赞干布站于傍晚的风中，风掀起他的衣角，却吹不落他的惆怅。吞米·桑布扎朝着松赞干布一步步走过去，走至他身边时便停下脚步，与他一起看遥远的地平线。他们都没有说话，知晓彼此都在为吐蕃更为繁荣昌盛的未来付出毕生的精力。

吞米·桑布扎甚至有些感激这场几乎将他拖垮的疾病。若非如此，他不会如此深刻地体会到，他是这般渴望实现梦想，完成使命，亦不会知晓他的心志这般坚定，生命这般坚韧，更不知家乡的风物与人事在他心中占有如此重要的位置。

医生每日为他看诊一次，并根据每日病情的变化开出不同的药方。他逐渐从死神手掌中逃离出来，踏上返回人间的道路。道路虽崎岖难走，但前方到底有一座灯塔燃亮他的希望。血色一点一点流回他的身体，坚定的意念再一次伴他跋涉万里途程。

他望着窗外湛蓝色的天空，对远方的故乡说道："等我回来。"

魂牵梦绕的糌粑香

暮秋，叶子簌簌地落了一地。清晨，庭院被扫得干干净净，及至傍晚，叶子又铺满弯曲的小径。

随着身体日渐康复，吞米·桑布扎的精神一日比一日好起来。清瘦蜡黄的面颊渐渐红润饱满，食欲亦是好了许多。与往日不同的是，除了将自己埋在与文字有关的书堆中，他会在黄昏时分走出不大但整洁的庭院，徒步走十来里路，走向幽静的丛林中，放飞渴望自由的心灵，汲取自然之灵气。

自然界宽阔浩瀚，无所不包。清澈见底的溪水，茂盛生长的草木，歌声嘹亮的飞鸟，以及来去自由的清风，皆是自然的馈赠。它时而缄默无言，时而热烈有声，随心而变，气象万千。在它的怀抱中，吞米·桑布扎那颗满怀思乡之情的心才能安静下来。

在大自然之中，他不再想自己肩上的重担与使命。他只是静静地行走，走累了便在一棵靠近溪流的古树下坐下。秋天的黄昏异常美丽，天空中交叠着橙红与金黄的流云，向北面望去可看到蓝紫色的山脉随风浮动，向南面望去便可看到碧蓝色的海浪翻腾涌动。天空由橙红转为淡紫，如同上色的玻璃那般透明。树梢之上，不知何时已悬挂起几枚星子，闪烁着明亮却不刺眼的光芒。

时日已晚，吞米·桑布扎起身往回走。路途之中经过重重叠叠的人家，门扉皆紧闭着，饭菜诱人的香味却幽幽地散了出来。这种家的味道像是故意捉弄人似的，被秋风一直推搡着，紧紧跟随吞米·桑布扎。

不知是谁家的孩子，赤脚在小径之中奔跑，跑得满头满脸皆是汗珠，转弯之时，他不偏不倚地撞入吞米·桑布扎的怀里。恰在吞米·桑布扎将他扶起时，身后响起慈祥的声音："玩心这般重，不分白昼黑夜，连餐饭都抛得远远的。天色这样浓，摔坏了可如何是好？"

声音里带着责备与数落，就那个孩子听来，自会感到心虚与害怕。而在尝过岁月的辛酸滋味，身处故乡千万里之外的游子听来，这声音是如此动听、如此温柔，其中包含的浓密爱意，可击碎世间种种疼痛与艰辛。

吞米·桑布扎看着那对母子渐渐远去的身影，隐约听到孩子在向母亲讲述一天中发生的趣事，母亲边听边耐心而认真地回应着。月华纯净如水，将吞米·桑布扎的身影拉得格外长、格外落寞。

"放任自流，不必克制。"

吞米·桑布扎回到李敬大师的住所时，猛然想起达拉日巴班智达给予他的忠告。

当思念如潮汐涌来时，不用躲避，也不用惊慌，坦然安静地面对这股浪潮便好。当它浸润你的身体与心灵时，那些将要枯竭的梦想会重新开出花朵，那些将要干涸的希望会重新变成绿洲。它最为脆弱，也最为坚韧，它会让人一蹶不振、寸步难行，亦会让人一言不发越过重重阻难。关键在于，你如何看待。

吞米·桑布扎知晓，故乡的一切都牵动着他的情感。在心中如水草般招摇的思绪，正是他行走之动力、能量之源泉。因而，他听从达拉日巴班智达的劝告，让这股思家之情恣意流淌。

往常，他走回住所，仍会温习当日所学知识，并为第二日的学习做好一切准备。而那一日在返回途中遇到那对母子后，他径直走进睡房，油灯也未点燃，便在从窗子透进来的月光的陪伴下，就枕而眠。

李敬大师见他行为与平日大有不同，生怕他再像上次那样患病，便叩响他的房门。吞米·桑布扎起身开门，将师父迎进门内。

"身体是否不适，可需要医生来诊？"李敬大师的话语中，尽显关切与担忧之意。

在李敬大师问话之时，吞米·桑布扎已将油灯点燃，放置于床榻边上的木板上。油灯随风摇曳，昏黄中又带一丝明亮，恰与月光相互照应。

"多劳师父费心，身体健全无碍。只因心系故乡，思绪难平，故而稍有恍惚之感。"吞米·桑布扎坦白言之。

"此为人之常情，不必为难，我亦常有此感。"

"今日偶遇一对母子，真切感知母爱虽静默无言，却深厚如海。忆起家中母亲，归家之心更为急切。"吞米·桑布扎始终认为，倾诉是排解忧愁的最好方式。

"学业将结，归家之日可待。"

"弟子明了。"

"最想念母亲什么？"

"糌粑。母亲所做糌粑，以爱意为食材，味道香醇至极。"吞米·桑布扎脱口而出，闭着眼睛仿佛闻到了糌粑的香味。

李敬大师悄悄退出房中，为吞米·桑布扎关上门。院落中清风拂枝，疏影在墙壁上荡漾。李敬大师透过窗子回望房内，看到吞米·桑布扎那张被月华照亮的脸上满是安然与祥和。

吞米·桑布扎最爱吃母亲做的糌粑，无论是愉快时，还是悲伤时，他都会央求母亲为他做糌粑。糌粑散发出的香甜而不腻的味道，会满足吞米·桑布扎的味蕾。故而，每当天色将暗，吞米·桑布扎大汗淋漓回到家时，母亲总会端上一碗糌粑，看他狼吞虎咽吃个精光。

记得有一次，他闲来无事，便跟随母亲到厨房。夏日阳光正盛，厨房内热浪翻滚，母亲一再劝说他出去乘凉，他则固执地看母亲如何做糌粑。母亲劝说无用，只好随他去。他见母亲先把晒干的青稞炒熟，然后将其磨成粉。淡淡的香味随之溢出，悠长而无聊的夏日因此变得有滋有味。

夕阳落下，母亲终于将糌粑做好。她微笑着端到吞米·桑布扎面前，并将酥油茶置于旁边。那一顿晚餐，在吞米·桑布扎的记忆中，犹如永不会褪色的唐卡，色彩斑色绚丽，带着某种虔诚的敬意。

浮云游子意，落日故人情。

自那日起，吞米·桑布扎一天不落地去十里之外的丛林中散步，坚持走遇见那对母子的小径。在返程路途中，他时常会和那个贪玩的孩子撞到一起，而后听闻那位母亲慈祥的声音从身后传来。

见的次数多了，吞米·桑布扎有时也会与那位母亲闲聊几句：

"黄昏已至，炊烟升腾，饭菜飘香。"

"游子终会归家。"那位母亲微笑着走远。

此话犹如一句神秘的预言，在吞米·桑布扎心中埋下一粒在来年便会萌芽的种子。

别尊师，念归程

天高地阔，海水无涯，世间万物皆以它们原有的沉静或是喧哗，各行其是。它们静默地看着如蝼蚁般的人们，或是平庸过活，安享静好之日；或是奔忙追逐，以脚步丈量大千世界。而无论是哪一种人生，最终都难逃死亡结局。山河可更改，人事可变幻，一切皆会成为昏黄的往事。如若不以文字记录，历史则如传说一般，任后人随自己的喜好肆意删改。

有人曾云，世间唯一不变的是改变。在时光隧道中，没有什么是不可改变的。七年之前，吞米·桑布扎不过是吞达村一个贪玩的幼童，每至傍晚时分便带着满头的汗珠回到家，吃一碗母亲做的糌粑。而七年之后，吞米·桑布扎已在异乡的土地上历尽沧桑，在李敬大师门下结业。

七年的时间，仿佛一万年那样漫长。在这七年之中，吞米·桑布扎学习一切与文字有关的知识，遍访当地有名学者，虚心向其求教。知识在脑海里逐日积淀，梦想在灵魂中渐渐成型。当故乡的人和事如潮水向他猛然袭来时，当致命的疾病如妖魔般将他击倒在地时，他皆以笃定之意志为桅杆，以亲人之期许为支撑，一步步地走过艰险境地。

时有晴日，时有风雨。

在这七年之中，吞米·桑布扎未曾忘记为每一天赋予应有的意义。

萧瑟的寒冬终究过去了，古树密集的枝丫上开始萌生嫩芽。群鸟的歌声在沉寂一冬之后，也随着明媚春日的到来而嘹亮婉曲起来。微风带着温煦的

第五章 梦回吐蕃：身在异国心念故土

暖意潜入每个角落，万物皆染上欢愉的暖色调。

吞米·桑布扎站在古树下，静静地看着天空中那朵随意游走的浮云。李敬大师出现在他身后，望着他那愈加伟岸坚定的背影，心中猛然涨满不舍之意。

"流云始终皆自由自在，不受拘束，亦无牵无挂。"李敬大师之语似随口而说，却另有深意。

吞米·桑布扎何其聪敏，怎不知李敬大师此话是因明日之别而起。于是，他转过身，定定地看着李敬大师，一字一句说道："流云之所以如此自在，是因无根无归宿，唯有不停地去寻觅。而我的故乡在遥远的吐蕃，唯有重新踏上那片土地，心灵方能找到归宿。"

分别在世间上演了一回又一回，而人们仍学不会如何坦然面对生命中重要的人走向远方。眼泪是离别的附属品，心痛才是难治的症结。即便是最淡然从容的内心，仍然会为此黯然神伤。李敬大师身为婆罗门，学识与修养皆在常人之上，但依旧为吞米·桑布扎的离开而感到难过。

听到吞米·桑布扎如是说，李敬大师回复道："相遇之时便已预见分袂之日，时候已到，汝自当归去。所幸之事，生命际遇曾有过短暂交逢。"

"黑夜之中亦有星辰之光，阴雨之后亦有彩虹悬空。世间之事皆是悲欣交集、忧喜参半。师父之恩，没齿不忘。"吞米·桑布扎肺腑之语，字字如金。

"行囊是否已收拾妥当？"说及此处，多半是寒暄。无话可说，却必须说些什么，以免疼痛蔓延全身。李敬大师明知故问，不过是想要与令自己骄傲的弟子多说几句话。

"劳师父费心，已全部打点妥当。路途中所需之口粮，归去所带之书，皆已装入行囊中。"

"归程与来时之路无异，必定遭遇重重阻难与艰险，但愿你能安然无恙抵达故乡。"李敬大师仍记得吞米·桑布扎说过，同行之人皆死于途中，唯有他一人坚持到达天竺。

"心有希望,便不惧怕,途中阻难皆为幻影。"吞米·桑布扎盼望归家已久,定然不会因回程的艰难险阻而退缩。

从哪里来,便要回到哪里去,终点亦是起点。出走与回归的过程中,夹杂着辛酸,掺和着痛楚,而历经沧桑之后,乌云会散开,阴雨会转为风和日丽的晴天。

清晨,天空清澈得近乎透明,五六只飞鸟在屋檐上啄食,三两个农夫背着锄头结伴去春耕。温煦的风携带着海洋的气息,越过宽阔的平原与巍峨的高山,一直吹到吞米·桑布扎澎湃的心间。

院落之中,古树的枝叶沙沙作响。吞米·桑布扎双膝跪地,叩拜李敬大师。李敬大师本欲免去此般礼俗,吞米·桑布扎则认为这是向师父表达深沉敬意的最佳方式,执意要在临行前感谢师父七年之恩惠与栽培。李敬大师便满足吞米·桑布扎的请求,规规矩矩坐于木凳上,接受他的叩拜。

天日渐渐向南挪移,吞米·桑布扎在向师父叩拜谢恩之后,并未即刻起身,而是长跪于地,为师父呈上一首情意真挚的颂词。

颂词如是而言:

> 我等与臣吞米氏,为学文字来天竺。
> 一切师恩记心坎,谒师拜谢将离去。

在李敬大师的注视下,吞米·桑布扎渐行渐远。

往事汹涌而至,逻些城的人事与草木纷纷在他脑中成型。远离故土多年,雪域高原是否仍纯粹得不染风尘,吐蕃是否更为繁盛,赞普是否仍那般英勇多智,父母是否仍健康如昨?吞米·桑布扎希冀如此,却未有任何把握。

他一无所有,却依旧庆幸自己曾踏上流浪之途,让生命因此而变得厚重,也让吐蕃因此而具有更为坚韧的精神内核。今日之时光终将逝去,而吐蕃再也不必惧怕辉煌的历史随风消逝。待他归去之日,他便会以自己学有所成的知识，为吐蕃创制出一套属于自己的文字。及至彼时，吐蕃之荣光必将与岁月同在。

念及此，吞米·桑布扎的脚步忽然间变得轻盈，脚下崎岖艰险的道路也仿佛变得宽阔而平坦。

酷暑与严寒，暴雨与冰雪，仍旧同来时那般如影随形；荒漠、冰山、低谷、戈壁，亦如凶猛之野兽时时伺机吞噬吞米·桑布扎的生命。而这一切艰难险阻皆如阳光下的泡沫那般，只要心不足惧，它们便自行破裂。

人生之路未有尽头，而吞米·桑布扎所能做的便是遵循心之嘱托，坚定地走下去。前方是艰险之地也好，是绝美景致也罢，皆不会让他停下脚步。

第六章

盛大的飨宴：这一天，松赞干布盼了七年

　　江河奔腾翻涌，群鸟展翅高翔，古树枝繁叶茂，倏忽七载而逝，在天竺辛苦求学的吞米·桑布扎踏上了返回吐蕃的路程。他一路上耳闻吐蕃这些年的辉煌，满心欢喜、迫不及待地连夜赶路。家乡的记忆在他的眼前越来越清晰，他多么希望自己所学没有白费，能够全数注入吐蕃强劲的心脏……

近乡情更怯

对于等待者而言，时间是最残忍的凶器，可将一颗完整的心一点点吞噬殆尽。对于跋涉者而言，时间犹如广阔无垠的苍穹，无论怎样奔跑，皆跑不出头顶的那片天空。

一天一天过去，一月一月流走，一年一年消逝，吞米·桑布扎依旧走在路上。他见过太多次黄昏、戈壁、冰山、荒漠、山谷，每一处皆带着极致的美丽与悲凉，让人在希望升腾时又掉入无底的深渊之中。他无法预料前方之路如何，亦不知何时才能抵达故乡。

独自走于返乡途中，吞米·桑布扎总会想起启程时与同伴相扶相携赶路的时光。虽然为了保持体力，他们少有交谈，但那种无言的陪伴，在不知不觉间便为孤寂的心添上了一抹温暖的亮光。只是，命运叵测，同伴纷纷将生命献给无垠的大地。在临终之际，同伴们的眼中盛满期待与信任，期望吞米·桑布扎能带着所有人的希冀学成归来。

七年倏忽而过，吞米·桑布扎终不负众望，在天竺遍访名师之后踏上归乡之路。走在路上，吞米·桑布扎总有种飞鸟穿过暗洞的感觉，亮光顷刻涌进眼眸中，狭窄逼仄的心间猛地敞亮起来，被雾霭笼罩的世界也瞬间明朗起来。尽管道路仍如来时那般崎岖艰险，甚至有豺狼与猛虎当道，但他仍觉命运对他已经足够慷慨。

路过升起袅袅炊烟之地时，吞米·桑布扎会毫不犹豫地停下，是为缓解连日跋涉的疲惫与困顿，亦是为听到关于吐蕃的消息。

第六章　盛大的飨宴：这一天，松赞干布盼了七年

行至泥婆罗国时，他又去拜谒国王，以表谢意。泥婆罗国王仍如上次那般大摆筵席，以贵宾之礼相待，并邀他位于上座。盛情难却，吞米·桑布扎只好从之。在宴会上，吞米·桑布扎连干三杯酒，恭祝国王万寿无疆，并祝愿泥婆罗国日益强盛。

"觥筹交错，歌舞升平，泥婆罗国的宫殿内一片欢愉之声，着实令人艳羡。七年未归，倒不知吐蕃如何。"吞米·桑布扎不着痕迹地提及吐蕃，让国王与大臣不至于太过介意。

"约半年前，我曾派人翻越喜马拉雅山为吐蕃献贡品，听闻松赞干布赞普每次征战皆是凯旋，从未失手。吐蕃犹如正午之阳，永无陨落之日。"泥婆罗国王如是说道，言辞之间尽是钦佩与祝福之意。

吞米·桑布扎仰头将杯中之酒饮尽，丝毫未掩心中急切归家之意。烈酒如火在喉咙中燃烧，以至于他再也不能说出一句话。几次想要启齿，那些争前恐后涌上来的话语又被硬生生地燃烧为灰烬。

"路途遥远，喜马拉雅山难以翻越。望万事皆谨慎，切莫大意行之，以免发生意外。我已吩咐侍臣备好干粮与水，愿汝平安归家。"泥婆罗国王所想之周到，一如既往。

"泥婆罗之恩，没齿难忘。谨记叮嘱，若我安然抵达吐蕃，定将泥婆罗之恩惠，记载于吐蕃历史之中。"吞米·桑布扎并非巧言令色，以博泥婆罗之好感，而是真正下定决心将其德行散播于吐蕃，让淳朴的吐蕃百姓为其祈福。

歇息一夜之后，吞米·桑布扎告别泥婆罗国王，又踏上漫漫长路。

他的影子被缩短，又被拉长，日历翻了一页又一页。时有晴日，时有风雨，吞米·桑布扎皆坦然面对。

广阔苍茫的戈壁中，落日沉沉地悬挂于半空中，像是随时都会掉落到地上，使大地陷入无尽的黑暗之中。而在吞米·桑布扎的眼中，那几棵灌木依旧在黄昏的风中昂首挺立，空旷的戈壁滩浮光跃金，异常美丽。他甚至曾在黑夜来临之前，与一只羚羊不期而遇。那只羚羊时而跳跃，时而回首，好似在殷勤地为他引路。头顶之上亦有秃鹫盘旋回转，仿佛在寻找下一顿佳肴。

即便狂风与暴雨不期而至,吞米·桑布扎亦沉静如斯,默默接受上苍的一切安排。心绪平静如晴日之湖面,不起一丝涟漪。他只是怀揣着不灭的希望,以铿锵之足音,迈向故园。

然而,越接近故园,他内心反而越害怕,脚步也放得越来越缓。

故乡是否仍是记忆中的模样?松赞干布是否仍怀有造字之愿望?吞达村是否美丽如初?父母是否依然矫健如昨?童年的伙伴是否仍记得自己?该如何向死去同伴的父母交代?该如何面对松赞干布那期待的眼神?该如何向众人诉说这七年来的悲与喜、忧与欢?

统统没有答案。

吞米·桑布扎的双脚已经踏上纯净无尘的雪域高原,嗅到青稞草的清香。他久久地站在原地,任故乡的风拍打着他。

松赞干布亲迎留学生

高原之上,寒风猎猎。

松赞干布独自站于宫门之外。因肩上背负着整个吐蕃的命运,牵挂着远行未归的吞米·桑布扎,他时常夜不成寐,让担忧与悲伤在心中蜿蜒成河。

那一日,黄昏将至,天色由宝蓝渐渐转为橙黄。他本欲转身走进宫殿,却看到大致千米之外,有一匹战马掀起猎猎风尘,正向自己奔跑而来。旷野的黄昏,寂静如斯,唯有战马的蹄声震彻大地。

松赞干布即刻停下脚步,在原地站定。不知为何,他心中忽然有种强烈而不容置疑的预感,战马上的人带回来的消息定然与吞米·桑布扎有关。只是,他一时还不能分辨,这是福还是祸。一直以来,他始终安慰自己,没有消息便是最好的消息,便意味着吞米·桑布扎与同伴仍在求学,仍然活着。如今,真相终于要揭开面纱,松赞干布反倒踌躇起来。

"报——"侍卫从战马上一跃而下,单膝跪在松赞干布面前,面容之上满是风尘。

松赞干布上前一步将其扶起,道:"日夜兼程,想必劳累,先回城歇息为好。"

侍卫自是疑惑不解,若在平日,松赞干布定会问及路上见闻,抑或是否获取有价值的消息,而今日非但一字不提,眼神之中甚至有惊惧之色。

"赞普……"侍卫再次想要报告。

"今日稍有疲惫,如有要事,明日再议。"担忧至深,故而回避一切关于吞米·桑布扎的消息。

侍卫跟从松赞干布多年,深知其脾性,亦知晓其此刻所思所想。故而,他不顾松赞干布的阻拦,省去诸多繁文缛节,跪地而言:"吞米·桑布扎已在百里之外。"

此言直截了当,直击松赞干布内心最牵肠挂肚的地方。寒风凛冽,掀起松赞干布的披风。天色渐浓,星辰还未点亮,一切都处于混沌之中。松赞干布便借着这片刻的黑暗,肆无忌惮地落下泪来。七年之中,他未掉过一滴泪,只是一遍遍心疼。这一刻,那些悲伤与痛楚、担忧与惊惧,终于随着眼泪释放出去。

百里的距离,并不算太长,而在吞米·桑布扎看来,这中间隔着天涯海角,隔着苍茫的岁月,隔着文明与荒蛮。

他曾多次想象,在距离故乡一百里之时,定然会朝着前方狂奔起来,片刻不停歇。然而,此时此刻,他的双腿像是灌满铅一般,沉重得迈不开一步。他明白这并非疲累所致,而是心中那股莫名的怯懦之意:害怕故乡的人和事不是他想象中的模样。

吞米·桑布扎的身后是隐约可见的喜马拉雅山,山峰连绵起伏,积雪在阳光的照射下反射着耀眼的光芒,山脚下江河翻涌奔腾,像是要将一切吞没。那里,有他最为惨烈与最值得回味的记忆,而这样惊心动魄的经历,此生不会再有。

吞米·桑布扎久久伫立不前,似乎找不到任何方式去跨越这一百里地。清晨至傍晚,黑夜至清晨,他始终停在原地,未走一步。

他并不知晓,自己即将归来的消息已传遍逻些城的大街小巷。松赞干布与诸臣商议过后,决定亲自到百里之外迎接吞米·桑布扎与其同伴。他从赞普之位上站起,郑重地走下台阶,一步步靠近吞米·桑布扎之父吞米·阿鲁。吞米·阿鲁跪地不起,以表心中深沉谢意。

日夜相盼,这一日终于到来。

天光铺染,黎明刚至,松赞干布与诸位大将便骑上战马,竖起吐蕃旌旗，浩浩荡荡出发。松赞干布意气风发，将士各个骁勇善战，旌旗猎猎，犹如展翅翱翔的雄鹰。

寒风如刺刀，划过他们的铠甲与面容。马蹄嘚嘚，掀起万丈风尘。旷野荒无人烟，不知何处是终点。松赞干布心潮澎湃，眼中噙着热泪，心想吐蕃之文明终于出现了希望的曙光。他身后的战士们不约而同唱起战歌，旋律高亢而嘹亮，气势豪迈如虹。吞米·阿鲁紧随松赞干布之后，恨不能即刻抵达百里之外。

午后三时，太阳挪至西侧。

吞米·桑布扎仍伫立原地，丝毫未有行走的迹象。忽然之间，他看到千军万马正朝他涌来，吐蕃的旌旗飘扬在蓝色的天空下，在队伍最前方的人，身形好似松赞干布。吞米·桑布扎用力拍打自己的脸颊，像是在确认这是否只是一场梦境，而脸上火辣辣的疼痛感分明在告诉他，眼前这一切都是真的。

一刻钟之后，千军万马涌至他面前。松赞干布跃马而下，一步步向他走来。不过十步的距离，仿佛一个世纪那般漫长。他们相互注视着彼此，七年的时间如风掠过，启程时的场景犹如电影胶片，一幕幕在脑中回放。岁月的无情与沧桑，离别时的不舍与使命，重逢时的欢愉与希冀，皆倒映在彼此的眼眸中。

吞米·桑布扎跪地叩拜，道："多谢赞普亲自来迎。"

只此一句，再无他言。而这些已然足够。

随后，吞米·桑布扎跪地而行，一步步挪至父亲面前，深深叩头，声音颤抖："劳父亲挂心，孩儿已平安归来。"

吞米·阿鲁还未来得及说上只言片语，松赞干布的话便插进来："其他人在何处？"纵然心中已有分晓，他仍抱着一丝微弱的希望，战战兢兢地等待吞米·桑布扎回答。

"只此一人归来。"吞米·桑布扎闭目而言。

风萧萧，战马嘶鸣，像是在吹响让人安息的哀乐。

金殿问答

吞达村,仍是吞米·桑布扎想象中的模样。古树参天,溪流潺潺,老者望天望云,幼童调皮贪玩。村落里的居民,听闻他平安而归,皆欢欣地聚集到村外来迎接。当吞米·桑布扎的身影出现在村民眼中时,锣鼓即刻敲响,年轻的姑娘唱起婉转嘹亮的歌,跳起曼妙优美的舞。德高望重的老者走上前去,为他献上如云般洁白的哈达。

这是世代淳朴老实的吞达人所能想到的最好的欢迎仪式。

吞米·桑布扎笑着加入这欢庆的队伍中,与他们一起载歌载舞。多日来的困顿与踌躇,皆在踏上故土那一刻烟消云散。

他从热情的人群中抽出身来,走出喧嚣的人潮,独自沿着吞巴河向家中走去。途经那位曾预言他必成大器的老者家时,发现门扉紧闭,门口的石阶上长满绿色的苔藓。

"他没能挨过寒冷,在春日将临时去世。如若知晓汝不久即将归来,他定然挺得住。"邻居看到吞米·桑布扎久久伫立,轻轻说道,语气之中满是悲伤与惋惜。

物是人非,苔藓铺径,吞米·桑布扎不禁怨恨自己回来得太迟。

忽然之间,他朝着家的方向奔跑起来,生怕母亲会像这位老者一样不辞而别。他在途中几次跌倒,胳膊与腿上皆渗出鲜血,他亦不管不顾,只是疯魔般奔跑着。母亲的音容笑貌,在他脑中清晰地浮现;母亲唱的古老歌谣,亦在他心中轻轻地回荡。

第六章 盛大的飨宴：这一天，松赞干布盼了七年

不大的村落，吞米·桑布扎感觉比天竺还要遥远，跑得满头满额皆是汗水。将要抵达家门时，他猛然发现母亲就倚靠在门口。她身形瘦小，面容褶皱而泛黄，双眼用力撑开，仿佛已然看不清眼前之人。尤其是母亲曾经那一头令人艳羡的乌黑长发，在岁月的打磨中终究被雪色覆盖。

吞米·桑布扎站在母亲面前，好好地打量着她，她却并不知自己日思夜盼之人已在眼前。这七年来，她以泪洗面，双眼先是模糊，而后渐渐失去光明。

"母亲，孩儿已归。"吞米·桑布扎将母亲拥入自己怀中。

母亲强忍眼泪，抬手去抚摸吞米·桑布扎的脸，才知这不是一场会破碎的梦境。

"母亲，哭出来吧。"吞米·桑布扎这样劝道。他明白，此时唯有眼泪能洗净七年来积淀的思念与愁绪。

在家中，吞米·桑布扎睡得极熟、极安稳。因而，天边刚刚显现鱼肚白，吞米·桑布扎便醒来。比他醒得更早的是母亲，虽然双目接近失明，但她还是摸索至厨房，为吞米·桑布扎做了一碗醇香的糌粑。

母亲做的糌粑仍然是熟悉的味道，他们一家围桌而坐，边吃边讲述从前的趣事，欢笑声充盈于整间房屋。

岁月留下的伤口，唯有交给漫长的时间来愈合，一再提起，只会让伤口溃烂。故而，直到早餐结束，吞米·桑布扎换上新衣去逻些城面见松赞干布时，他们一家谁也没有提起这七年来的酸涩与苦楚，仿佛他们从未分别。

冬日渐深，寒风日渐凛冽。

逻些城的街道上少有行人，到处散发着萧瑟之气。大殿之内已生上炉火，火苗随意蹿动，犹如文明之光散发温暖与热量。

吞米·桑布扎走进殿内，未语，叩拜。

犹记得七年前，他跪在松赞干布面前，以表心志。时光翩然而过，转眼他已以留学生之身份学成归来，接受松赞干布的检验。

松赞干布指指身侧那把木椅，示意吞米·桑布扎坐下："今日问答，犹如家宴，只在你我之间，只谈七年之经历，不言政事，亦不必寒暄。"

"是。"吞米·桑布扎寡言少语的性格始终未改。

"临行前，汝曾言顾他人周全，为何如今唯有汝一人归来？"松赞干布未有责备之意，只因内心某处隐隐作痛，唯有说出此言方觉舒坦。

"鄙人照顾不周，辜负赞普嘱托。此亦非吾所愿。"

"他人因何死去？"

"路途艰险，荒漠与冰山交替出现，口粮与饮水匮乏皆成威胁，体力消耗太过严重。还有猛兽出没，疾病缠身，生命脆弱至极。"吞米·桑布扎仍然记得同伴逝去时自己的那种无助感。

"为何汝能坚持下去？"

"肩上有使命，心中存梦想，意志足够坚定，希望永远闪光。那些艰险不过是惊惧之幻影，心虚之梦魇而已。况且，此亦是对逝去同伴最好的交代。"吞米·桑布扎坦言。

"是否想过半途而归？"

"是。同伴相继去世，蚀骨之寂寞与孤独，比猛兽更为艰险。"

"是否害怕死亡？"

"是。曾被虫豸病侵蚀，生命所剩无几，羸弱似婴孩，彼时心中如无底之洞，茫然无所顾。在未完成使命之前，实在惧怕死亡。"

"是否受到泥婆罗国之款待？"

"是。周到至极，深受所益。"

"在天竺是否学到创文造字之知识？"

"在婆罗门李敬大师座下学习，犹如翱翔在广袤之空。师父无所不授，吾尽力而学。其间亦曾在达拉日巴班智达座下学习声韵学，受益良多。天竺当地其他名师，亦有所拜访，皆有所收获。"

"时间为何如此之久？"

"学习并非一蹴而就之事，需日渐精进，方可达成。如若急于求成，反倒一无所获。"

"是否能确保创造出属于吐蕃的文字,建立吐蕃之文明,让吐蕃之历史得以世代流传?"松赞干布问及此处,声音因紧张而略带沙哑。

"已掌握造字之精髓,需假以时日,潜心研究。"吞米·桑布扎亦期待造字成功那日。

炉火旺盛,火苗之光映照在色泽绚丽的墙壁上。窗外寒风肆虐,而窗内之人丝毫未觉冬日之寒。

他带回的东西惊艳了整个吐蕃

终究是冬日,即便临近晌午,阳光亦是淡淡的。倒是大殿内的炉火热烈地燃烧着,像是在庆祝吐蕃即将迎来辉煌的时刻。

吞米·桑布扎从松赞干布身侧站起,走向宫门,躬身拿起门帘之后的行囊。他神色郑重而肃穆,姿态庄严而矜重,双手托起珍贵之物,一步步走向松赞干布。

松赞干布亦站起身来,问道:"此为何?"

"这些经书皆是从天竺带回,为《宝云经》《十善经》等经典,诠释大乘佛教之深奥妙理,普度万世众生。"吞米·桑布扎双膝跪地,将这些书籍呈给松赞干布。

松赞干布早已听闻大乘佛教在遥远的天竺极为兴盛,其义理精妙深邃,一心本净,以平等与普度为精神之所在,境界圆满无垠,修行直趋无上菩提。如若将其发扬光大,臣民之信仰便有寄托,人生便可活出另一番境界。如此一来,万千臣民便可凝聚一心,吐蕃亦可因此而更加稳定。民心稳,社会便会稳,吐蕃之繁荣更是锦上添花。

吐蕃将不再徒有辉煌绚丽的外壳,而渐渐生出坚实而富有内涵的精神内核。黎民不再仅仅低着头干农活,而是学会仰望藏着无尽深意的天空,以及自由翱翔的飞鸟。大地也不再是未经开化的荒蛮之地,而是在人们的播种中渐渐结出文明之果。

第六章 盛大的飨宴：这一天，松赞干布盼了七年

夜里不知何时开始落雪，清晨，推开窗，院落中已是白茫茫一片。

那一年的冬雪，来得格外早。世界清白，不染尘埃，那些忧愁与欢愉、高贵与肮脏，皆被覆没，像是从来不曾存在。

吞米·桑布扎站在窗前，看着鹅毛大雪纷纷扬扬，丝毫未有停下之意。他犹自喃喃说道："一切皆被掩盖，一切便可从头再来。"

炉火正旺，火苗簇簇四蹿。吞米·桑布扎用过仆人端来的清淡早餐后，便披上披风向松赞干布的大殿走去。他已然预料到，今日议事定与吐蕃之未来息息相关。

大雪苍茫，天地难分，地平线处混沌而白。吞米·桑布扎双脚踩于厚厚的积雪上，发出"咯吱""咯吱"的响声。街道之中阒无一人，寂寥而静谧，偶有一只栖于树梢上的飞鸟猛然扇动翅膀，仿佛亦能惊动沉默的大地。吞米·桑布扎不急不缓地朝宫殿走去，在身后留下两行并不齐整的脚印。

为防寒风肆意闯入，宫殿门扉紧闭，窗帘齐齐拉下。吞米·桑布扎推门而入，发现松赞干布正坐在赞普之位上翻阅他从天竺带回的佛经，眼中满是渴求之光，眉头却紧紧皱起。几位早到的大臣窃窃私语，不知在谈论些什么。吞米·桑布扎与他们寒暄之后，便站到大殿一隅，在默想或是放空，等待议事正式开始。

在门扉的开启与闭合间，大臣们陆续到齐，松赞干布放下手中的书，示意身边的侍臣开始议事。大臣们的窃窃私语戛然而止，而吞米·桑布扎则仍旧站于原地，丝毫未动，仿佛这室内的一切皆与他无关，他只是在等待全新世界的到来。

松赞干布站起身，威严而庄重，像是要将芸芸众生摄入眼底。

"文明之火种，经由吞米·桑布扎翻越千山万水携来。苍天为证，吐蕃之崛起指日可待。不懂书中之语，不谙文字之妙，此书便形同虚设。"松赞干布手持经书，郑重说道。

"此为何书？怎能断定其蕴含吐蕃之光明未来？"一向敢于在大殿之上发表言论的元老大臣说道。

"此书为天竺之佛经，内蕴大乘佛教之精髓。在浩如烟海的佛教书籍之

中，这几本最为经典，最能触到佛教之真意。书籍由篇组成，篇由段落组成，段落由行组成，行由字组成。一笔一画看似简单，实则是一切之源、万物之本。武力是政权之铠甲，文明便是政权之血肉，而文字则是构成文明之实体。"站于角落的吞米·桑布扎之声铿锵有力，却并未给人刺刀之寒。

"吾辈已老，双耳与双眼皆不中用，如何学习其中奥妙？况且一字不识，又如何看懂这天书般的书籍？"这位元老大臣所说之语并非虚言。

"如此便知文字之重要。"吞米·桑布扎深知肩上的担子有多重。

"是否已然创造出属于吐蕃的文字？"那人继续追问。

"还需一定时日。"

"经书中的佛教如何传播于民众之中？"

"由吾讲述佛教义理，民众用心体悟其中奥妙。"吞米·桑布扎心意已决，只待松赞干布准许。

寒风乍起，掀起窗帘一角。倏忽之间，雪花纷扬涌入，在室内的地板上铺上薄薄一层。"尘埃终究被掩埋，吐蕃终究有所改观。"吞米·桑布扎在心里对自己说道。

那日议事散后，吞米·桑布扎秉承松赞干布之意，开始将以梵文写就的佛经传播到吐蕃的大街小巷。

大雪连下三日后，天气终于放晴。被涤荡过的雪域高原，在天光的照射下更为清澈、更为纯净。

这一场盛宴，他以泪作酒

云烟万态，江水千姿。

世间之物皆在恒久的时间中不断变换着姿态。

大乘佛教如是，承载文明的文字更是如此。吞米·桑布扎望着落雪后的白茫茫的天地，决心要研究七年所学的文法，再根据所得创造出属于吐蕃的文字，而后，将梵文之佛经经典，翻译成吐蕃黎民皆能看懂的文字。

寒风乍起，掠过冰山与高原，逻些城内寒意凛然。树梢随风而动，积雪纷纷扬扬落下，偌大的世界终究要换一番模样。

吞米·桑布扎在屋内温习先前所学，周遭十分寂静。忽然之间，院落之中起了一阵骚动，脚步声纷至沓来。家中的老仆叩响门扉，隔着细细的门缝说道："赞普有令。"

彼时彼刻，吞米·桑布扎并非孤军奋战，松赞干布以赞普之躯与他并肩站在一起。政权之荣光，未来之文明，是他们共同的梦想。不同的是，吞米·桑布扎需身体力行，将所有设想一一种植于现实之土壤中，松赞干布则需为这一蓝图提供支持，扫除一切障碍。

吞米·桑布扎放下手中泛黄的书，掸掸身上的尘土，理一理凌乱的发髻与褶皱的衣角，坦然而淡定地走出门外。老仆将早已备好的小毯子铺于地上，吞米·桑布扎随即双膝跪下，双手相扣，接听松赞干布的旨意。

"吞米·桑布扎听令：天佑吐蕃，荣光无上。而无文字则无以兴文明，无文明则无根基。幸有聪慧之吞米·桑布扎远赴天竺,历经七载学成归来。为早日创造独属吐蕃之文字,特准许吞米·桑布扎进入玛茹宫殿潜心修学,无关人士不得相扰。在此之前,吞米·桑布扎需明日抵达吐蕃大殿,与众官员共赴盛宴。"

侍臣之声浑厚而稳重,传入吞米·桑布扎耳中犹如洪钟敲响,带着警示的意味,又让人觉得心安。

彼时已临近正午,阳光并不强烈,但经过积雪的反射,给人以刺目之感。透过窗户,吞米·桑布扎可看到屋内的火炉因猛烈燃烧的火焰而发红,让人非但未感到冬日之寒,反而感到了春日的暖意。

一阵寒暄之后,传令的侍臣告别,刚刚还热闹的庭院瞬时又沉静下来。吞米·桑布扎久久地站在庭院的台阶上,望着空中姿态万千的云。老仆几次催促他进屋,都没有得到回应,只好转身回到屋内拿一件避寒的披风披在他的肩上。他朝着老仆笑了笑,眼神流露出谢意。

是的,吞米·桑布扎对生命中的所有际遇,皆心怀感激。而创造属于吐蕃的文字,是上苍赐予他的最高奖赏。

想必多年后,吞米·桑布扎仍会记得那一场盛宴。

接旨后的第二天,吞米·桑布扎身着盛装走进吐蕃大殿之内。不知为何,每当来到这里时,他总为墙壁上那色泽绚丽的壁画而惊叹,犹如稚童一脚踏入一个魔法世界般,感到奇妙之余,心中亦生出神圣庄严之感。

他知晓,壁画与唐卡是无字之文明,而他的使命便是创造以文字为载体的文明。

松赞干布与文武大臣已经坐定,美酒与佳肴也已摆上,只等吞米·桑布扎落座。按照以往惯例,最后落座之人皆要说些什么,算作迟来的歉意。而吞米·桑布扎生活于俗世之中,却未练就一颗世故心,当大臣们都在等待他表达歉意时,他却兀自走向松赞干布为自己准备的座位,端起酒杯一饮而尽。

大臣们愕然至极,纷纷将目光投向松赞干布,谁知,松赞干布脸上竟未出现丝毫怒色,而是也仰头将杯中之酒饮尽。大臣只得纷纷照做。霎时间,大殿之内弥漫起青稞酒的醇香。屋内的人在微醺之际,更觉吐蕃之盛。

吞米·桑布扎随即端着见底的酒杯站起身来,环视面容微红的诸臣,最终将视线聚焦于松赞干布脸上。

"创造文字亦如建造宫殿,缺少一砖一瓦皆算未完。在天竺学成归来,实属生命之幸,本该欢欣至手舞足蹈,但所学之学识转化为文字之前,仍算一无所获。前路茫茫,不知何时走至尽头。挑战重重,不知能否全局制胜。"吞米·桑布扎之语从胸腔中喷薄而出,以火山爆裂之势震彻整个大殿。

这是他的心声,亦是他最为虔诚的表白。

大臣们或是窃窃私语,或是默不作声,微醺的酒意瞬间消散得毫无踪影。松赞干布站起身来,坚定地看着吞米·桑布扎,犹如发誓般说道:"人不可一日无食粮,吐蕃不可一日无文字。世间并无平坦之路,意志笃定方有收成。此时已无路可退,只得昂首前行。至于日常琐碎之事,完全不必担忧,只管心无旁骛钻研便可。"

创造文字,犹如骑着战马奔赴战场,胜则得到天下,败则丢掉性命。松赞干布杀敌无数,从未在手持战刀时心生惧怕,然而,在大雪纷纷的冬日,他的手心竟渗出细小汗珠,担忧这一场文字之战以失败告终。

吞米·桑布扎何尝不知松赞干布心中所思所想,何尝不知烙刻于赞普骨髓中的宏图大愿?吐蕃未来的蓝图,需要用文字来书写。此是吞米·桑布扎为自己设下的宏愿。

"赞普之愿,即吐蕃黎民之愿。吾定竭尽心力,绝无丝毫懈怠。只是……"吞米·桑布扎欲言又止。

"不必遮掩,坦诚而谈,齐心协力搬开绊脚之石,方可大步前行。"松赞干布说道。

"多谢赞普照顾周全。创造文字之际,必不能受扰。研究之所,必安宁静谧。一日三餐皆需清淡均衡。时日长短,需视难易程度而定,必不可催促焦躁。"吞米·桑布扎坦然而说,坚决认为唯有满足所有条件,才有可能更好、更快地创造出文字。

"依你所言。"松赞干布没有一丝犹豫。

吞米·桑布扎热泪滚落,即刻走至宫殿中央,"扑通"一声跪于地上,久久未起。

美酒醉人,佳肴飘香。宫女的歌声婉转清亮,舞姿柔软曼妙。

在这般繁盛的宴席之上,文武大臣醉眼蒙眬,不知今夕何夕。而吞米·桑布扎的视线穿过喧嚣热闹的云烟,直抵松赞干布的双目。

他们举起酒杯,相视而笑,仿佛洞见吐蕃未来的光明。

第七章
吐蕃文诞生：书写辉煌政权的文化创举

在松赞干布亲自督造的玛茹宫中，吞米·桑布扎孤身度过了许多个夜晚和白天，终于创造出吐蕃文。三十个辅音字母和四个元音符号变换组合，能够表达人们想传达的所有意思，"无头字"和"有头字"便于民间与官方书写、交流。此后，在制定法律制度、翻译佛教经典、对外交流、传承文化等方面，吐蕃文都发挥了不可估量的作用。

潜心研究梵文文法

天空呈灰蓝,是那种即将下雪的灰蓝。寒风像是刻意捉弄人似的,有一下没一下地掠过人们的脸颊,让人感到皮鞭抽在脸上那般生疼。

吞米·桑布扎背着行囊,紧跟在松赞干布身后。他们后面,是长长的队伍,侍者、百员、黎民,皆在队列。

前些天下的雪仍未完全融化,道路之泥泞在所难免。偶有稚童跌倒在地,哭喊几声后,周遭便又静下来,唯有杂乱无章的脚步声始终在耳畔回响。

这支队伍从逻些城的大殿出发,一路向北,直奔玛茹宫。玛茹宫在逻些城北郊的乌都日南面山坡上的一块巨大山石上。此巨石突兀雄奇,形状恰似巨大的伏龟,玛茹宫则如一座巍峨的史碑直立于龟背之上。

吞米·桑布扎早已听闻建造这座宫殿的起源。

文成公主初到逻些城时,松赞干布忙于吐蕃政务,无暇陪伴她,她闲来无事,便在空阔而寂寥的布达拉宫中,依据五行图推算,指出北为玄武。所谓玄武,意即神龟。此言一出,众人皆为之所震。有人笑说,不过是女流之戏言,亦有人说,不过是荒唐之梦魇。

而松赞干布极为宠爱文成公主,必不愿其受任何委屈。尽管心存疑虑,他仍旧命侍臣引路,亲自跋涉八公里到逻些城北郊视察。及至文成公主所言之地,松赞干布大为震惊,那里果真矗立着一块巨大的石块,形状与伏龟相差无几。这石块大致有十五米之高,雄伟而巍峨。松赞干布即刻便决定在这块龟形巨石上修筑一座宫殿,并将其命名为玛茹宫。

第七章 吐蕃文诞生：书写辉煌政权的文化创举

吞米·桑布扎在听到这段带着传奇色彩的故事时，便有种预感，即日后某个时刻他将与这座宫殿发生密不可分的联系。

走在前往玛茹宫的路上，吞米·桑布扎更觉世事神奇。然而，他并未为自己的预言而沾沾自喜。每走一步，他就更清醒一点，仿佛纷扰的世事渐次远离，只留下眼前这条弯曲的道路。不知拐角处是否有柳暗花明之喜悦，亦不记得返回之路，故而他只能缄默前行，不妄自揣测那参不透的命运。

及至晌午，天气仍是阴沉沉的。乌云层层叠叠，欲要不留情分地压下来。

玛茹宫仿佛饱经沧桑的老者，缄默地等待着众人走进它的怀抱。吞米·桑布扎仰望着这座巍峨的宫殿，心中竟有万千语言想要倾吐。但望望周遭气喘吁吁的人，涌上口的话又咽回肚子里。说些什么呢，这九曲心肠怕是无人懂得，即便有心对外人语，料也是语之不详，最终变成虚妄。

一千个人便有一千种艰险与苦难，如若不是亲身经历，又如何体会他人的忧患。吞米·桑布扎这些年来积聚于心的怅惘，唯有他自己最为清楚明了，要说出口却无从说起。

故而，他只能不动声色地仰望这座宫殿，想象在宫内研究梵文文法，创造吐蕃文字的日常。

寒风乍起，枯草摇动，侍卫紧紧牵着的狗的几声吠叫，算是天地间唯一的声响。

松赞干布转过身，看到吞米·桑布扎气定神闲，双眸散发坚定之光，一颗悬着的心终于落下。

"双脚之跋涉已结束，思想之跋涉又将启程。独自上路，寂寞难免。不求以最快的速度抵达终点，但求以最好的状态行走。"松赞干布如此嘱托道。

"吾自当尽力。"吞米·桑布扎并不想在此刻做出任何保证，只愿遵循心之引导，倾情投入创造文字的战役中。

"此刻起,窗外风雨,皆与汝无关;四季轮转,昼夜交替,亦与汝无关。心无旁骛,方能成事。"松赞干布想为吞米·桑布扎扫除一切前行之障碍。

"赞普之言,吾定谨记于心。"吞米·桑布扎望着即将落雪的天空说道。

吞米·桑布扎站在宫殿门口,目送大队人马离开。刚刚有过的片刻喧嚣,已然烟消云散,唯有寂寞的回声,在空旷的大殿里旋转徘徊,留下孤独的回音。仆人早已打点好一切,面无表情地站于墙角一隅,随时等候主人吩咐。吞米·桑布扎示意仆人到房中休息便好,不必顾及他。

仆人退下后,大殿内更是安静。此刻,灰蓝色的天空终于飘起雪花。不过一刻钟的时间,天地便成白茫茫一片。摊开的书页,等待着主人翻阅,而吞米·桑布扎只是站于窗边,看大雪如何将先前的一切掩埋。

光阴就这样在暮色里一寸寸地挪移,黄昏如约而至。雪依旧未停,吞米·桑布扎就这样守到暮色褪尽,黑夜姗姗而来,方才折回书桌前。

那一场雪,是他潜心研究文法前,最后一次关心世外之事。

仆人端来晚膳,才知大殿内还未点上油灯,午时还旺盛的炉火此时早已熄灭。仆人将晚膳放于桌上后便惶惶然跪地,痛斥自己照顾不周,愿接受主人的责罚。而吞米·桑布扎只是淡然说道:"不必自责,皆是小事。劳烦再多拿些灯油,今晚或要看书至黎明。"

仆人慌忙谢恩,手脚利索地拿来灯油为吞米·桑布扎续上。

大殿内顿时明亮起来,寒风从门缝中钻进来,油灯便随之摇曳,映在书上的人影也晃动起来。仆人见状欲将门帘拉下来,却被吞米·桑布扎制止。或许,凛冽之风可令吞米·桑布扎始终保持清醒。

如若潜心研究梵文文法是一场旅程,吞米·桑布扎既已上路,便断然不会辜负山川之雄伟、江水之清澈。或许,在许久之后,他将为这场旅程添上一个潦草的结尾,惨淡而徒劳,但这路上的风光,已足够让他的生命自成一处景观。

于是，他一心一意地前行，将七年所学融会贯通，竭尽心力试图找出其中的玄妙之处。夜半三更，仆人已经入睡，他便自己动手添上灯油。实在疲乏时，他便枕书而眠，甚至在梦中也不忘记琢磨研究。

免去体力之苦，却要受精神之苦，而吞米·桑布扎从未抱怨过。他只是将吐蕃之文明未来与自己毕生之梦想合二为一，心甘情愿为其付出所有心力。

赞普的厚望

岁月沉沉，转眼已是春末。

在吐蕃，暮春怕是最美的时节。微风撩人，携着阵阵暖意。枯寂一冬的古树，纷纷吐出嫩芽。群鸟栖于枝头，又叽叽喳喳地闹腾起来。格桑花亦顶起花苞，准备赴一场绽放之约。

世间万物皆是鲜活的、张扬的。

人们纷纷打开门扉，簇拥到街道上，彼此寒暄，尽情地呼吸纯净的空气，仰望这片忽然敞开的蓝天。

而这个繁华而喧闹的红尘俗世，似乎与吞米·桑布扎没有一丝关系。热闹是他人的，他拥有的只是几本薄薄的书，以及沉甸甸的使命。

若说逻些城是花开富贵的大都市，玛茹宫则是清冷萧索的小村落。花静静地开，飞鸟飞过不留痕，荒草蔓延无人理会。此地的一切都是清寂的，仿佛已被世界丢弃和遗忘。

吞米·桑布扎日夜冥想，为书中每一个字皆做了注脚。翻阅的次数越多，注脚便越多，薄薄的一本书便在岁月的沉淀中变得厚重而有分量。经过一个冬天的钻研，弥漫在吞米·桑布扎眼前的浓厚迷雾渐渐变得稀薄，崎岖的道路逐日变得平坦，甚至有时他会听到一两声来自前方的呼唤。

"文字之妙，文明之意，在前方啊，在前方。"

那呼唤声微茫而有力，虽然吞米·桑布扎一时间无法判定那声声呼唤来自何方，由何人喊出，但他知晓那是一种冥冥之中的指引，一种带有传奇色彩的暗示。或是在天光熹微的清晨，或是在雾霭氤氲的黄昏，抑或是在月色朦胧的子夜，吞米·桑布扎迈着铿锵的步子，循着呼声传来的方向走去。

他每向前行一段路，途中缭绕的雾霭便稀薄一点，甚至有种即将抵达终点的错觉。天竺之中那茂盛的植物、充沛的雨水，印度洋上吹来的凉意，以及拜访过的名师给予他的启迪，仿佛皆隐藏着文字的原型，此时如蝴蝶般在他脑中翩跹起舞。

吞米·桑布扎在惊呼蝴蝶之美丽的罅隙中，亦想要伸出手去触碰它们，让其落于自己的手掌中。然而，许是心急了些，他从地上一跃而起，蝴蝶却纷纷飞去。

"时机未到，仍须潜心研究。"吞米·桑布扎这样告诉自己。

象牙白的月亮在青霜色的夜空中升起，倒映在平常人家的木桶里。风吹过来，木桶中的月亮便随着水波摇晃起来。

松赞干布枕着月光辗转反侧，没有丝毫睡意，只要闭上双眼，白昼那激昂的场景便一幕幕在他脑中上演。

雪域高原辽阔而沉静，恰似一块冰清玉洁的水晶，不染纤尘。松赞干布身着铠甲，气宇轩昂地站于这片纯净之地上。天光明亮如黄金，惠风和畅如丝绸，松赞干布驰骋沙场，征战多年，终于完成了统一大业。

周围各地纷纷携带上等珍奇佳品前来拜会，面容之中显露归降之气，眼神之中溢满崇敬之意。吐蕃的大殿内歌舞升平，人人把酒言欢，庆祝这值得历史铭记的时刻。各地的使者端起美酒，恭祝吐蕃繁荣富强，继而一饮而尽。松赞干布面色红润，胸中载满自豪之情，故而频频将杯中之酒饮得一滴不剩。

松赞干布身侧的侍臣生怕他醉酒，便一再躬下身来低声相劝，却被松赞干布斥回。也罢，吐蕃遇到如此喜庆之事，也难怪松赞干布生出不醉不归之念。雪域高原上的格桑花皆争宠般开得热烈而蓬勃，松赞干布则因完成千古流传之业绩而雄心勃勃，生命也由此散发出原始的韧力。

黄昏的雾霭渐渐在林间升腾起来，降服的小邦使者纷纷告别，伴着落日之余晖走向黑夜之中。松赞干布站于大殿之外，被风一吹，忽地从酒醺中挣脱出来。他眼中的土地是那般广阔无垠，身后的布达拉宫是那般恢宏雄伟，这一切皆闪耀着吐蕃的荣光。可是，他该如何从漫长的岁月中获得占有权，让吐蕃的点滴永存于世？

文字，唯有文字。

文字是不朽的，自出现之日起便具有穿透光阴的魔力。只要将世间之事记录成文字，这些事便永不会风化，永不会消散。

松赞干布拖着沉重的步子慢慢踱回殿内，彼时天色全然黑透。文成公主知其心思，便不去搅扰他，而是独自回自己屋中休息。

纵然是春末，天气仍偶有寒气袭来。月亮在树梢上瑟瑟地缩作一团。松赞干布几次欲起身连夜赶往玛茹宫，看看吞米·桑布扎创造文字进展如何，但他明白，潜心研究学问之人，最怕环境嘈杂，最怕有人打着关切之幌子监督自己。于是，松赞干布只得将这股急迫之意死死地按捺下去。

玛茹宫阒静无声，仆人放于木桌一旁的晚膳早已凉却。

吞米·桑布扎仍借酥油灯之光徜徉于书海之中，一边摸索，一边前行。书中的注脚已是密密麻麻，为了便于记忆与创造，他便将其誊在空处。如此反复，梵文之书早已在他脑中深深扎根。或许在某个春暖花开的日子，它们便会萌出嫩芽。

傍晚仆人将晚膳端来之时，吞米·桑布扎便从仆人那双溢满欢悦之色的眼睛，那欲言又止的神色中知晓吐蕃定有大事发生。然而，他仍是如往常那般示意仆人放下晚膳便可离开。并非是吞米·桑布扎不愿听吐蕃之事，而是他不能为任何事分心。心无旁骛之意，是将毕生热情全然灌注到某件事中，这件事便是整个世界。其余之事，皆是风吹草动，不足为怪。

风乍起，将虚掩的窗子猛然吹开，纸页便如雪纷纷扬起又飘落。吞米·桑布扎并未急于去捡这些散落的纸页，而是任其轻轻铺于地上，染上月亮的光辉。

夜愈深，吞米·桑布扎的思绪愈是活泛。星辰洒满道路，他曳曳而行，不问结果，只求问心无愧。

在熟悉的梵文中寻找灵感

夜间下过雨,清晨的空气格外清新。茂密的枝叶皆尽染浓翠,阳光跳跃其间,闪烁着明媚之姿态。

松赞干布一夜不寐,披着件薄衣站于窗前。偶有积存的雨珠从屋檐上落下,在窗棂上留下几滴水渍。踌躇许久,他还是决定去玛茹宫看望吞米·桑布扎。文成公主看着他跃马而上,深切感受到松赞干布内心的急迫,以及岁月赋予他的沧桑。

嗒嗒马蹄,像是要奔赴一场绝世盛宴。马上之人,手握缰绳,随马之起伏而前后颠簸。草原广阔无垠,格桑花开得热烈,大自然的一切皆生机勃勃。

松赞干布眼神笃定,朝着玛茹宫奔去。他深知,在那个远离逻些城的地方,正孕育着吐蕃未来的文明与蓝图。吐蕃所有的辉煌,皆以此为依附,在漫长得看不到边际的时光里散发永恒之光。

松赞干布此次之行,本欲探知吞米·桑布扎创造文字的进展,以及了解吞米·桑布扎之困。然而,距离玛茹宫百米之远时,松赞干布忽然勒住缰绳,硬生生停在原地。紧随其后的侍臣亦猛然停下,随即跃马而下,等待松赞干布的吩咐。

松赞干布并未言语,只是静静地望着玛茹宫。玛茹宫那般静谧,带着一种遗世独立的疏离感。遥遥望去,窗子好似虚掩着,却听不到一丝声响,唯有那大片的阳光毫不吝啬地铺于其上,驱散所有阴影。松赞干布久久地停在原地，不曾下马走进里面，亦未有原路返回之意。

"赞普，小的是否要进去传个话？"侍臣猜不透松赞干布的心意，只好试探地问道。

"不必。"松赞干布之声低沉而不容置疑。

毕竟已是夏日，愈是临近午时，阳光便愈炽烈。侍臣实在担心松赞干布之贵体，便担着被责骂的危险，一再劝告松赞干布或是走进玛茹宫，或是原路返回。而松赞干布始终不为所动，只是顶着烈阳骑在马上，眼望玛茹宫。

忽然之间，狂风乍起，虚掩的窗子猛地被推开。殿内纸页纷飞，吞米·桑布扎则安静地坐于桌前奋笔疾书，丝毫未有惊慌之状。他并不知松赞干布正在窗外看着自己，故而，他以最为自然的姿态，从容地应付着眼前的一切。

恰在此时，侍奉吞米·桑布扎的仆人端来午膳，为避免搅扰吞米·桑布扎，便将其放置于木桌一角，继而探出身去关被风吹开的窗子。在探身的那一刻，仆人的目光便落在窗外不远处的松赞干布身上，一时竟张皇失措起来。

"啊，赞普，赞普！"仆人不由得惊呼，即刻双膝跪地，却并未考虑到跪地之后，松赞干布连他的脸都看不到。

吞米·桑布扎淡然地朝着窗外望去，果然看到松赞干布如雕塑般骑于马上。如若换了旁人，定然会急忙起身走出大殿迎接，而吞米·桑布扎只是停下手中之笔，与松赞干布对视。两人皆未有前行之意，只是以笃定之眼神，告诉对方一切皆在掌握之中，不必担忧。

清风不止，格桑花的醇香散漫整个高原。天空蓝得透彻清明，仿佛能倒映出万物之影像。松赞干布终于拉动马缰，示意爱马返回。在转身之际，他朝吞米·桑布扎点点头。吞米·桑布扎也点点头，眼神之中隐藏着千言万语。

有些话语不必说，相知之人自然懂。

"赞普，吞米氏是否太过傲慢，见到赞普竟不上前来拜？"在返回途中,侍臣难免替松赞干布感到委屈。

"不!全心全意研究文法,将世间琐事置之不理,是他对吐蕃最大的诚意与忠心。世间之事,皆褪去表皮,看其内里,方能窥见其本真之心。"松赞干布洞若观火。

而在玛茹宫,双膝跪地的仆人亦有同样的疑问:"主人未前去迎接赞普,是否会招致赞普责怪?"

"汝多虑。赞普并非拘于礼节之人,其心胸比肩辽阔之高原,其心愿即是吐蕃之光,可流传万世。人生不过百年,时间却亘古绵延,唯有文字可穿透岁月。吾尽心研究,不顾世间琐事,恰合赞普之意。"吞米·桑布扎话音落地,又埋头研究梵文文法。

在某些时刻,吞米·桑布扎分不清是在现实之境中,还是在虚幻之梦里,他会不由自主地朝悬崖走去。悬崖之上是万里晴空,缱绻彩云;悬崖之下则是无底深渊,嶙峋砾石。他沿着悬崖而走,或许一个恍惚便落入悬崖之中,连同那跃跃欲飞的梦想一起被埋葬。可即便如此,他仍旧喜欢这种立于刀刃的酣畅淋漓,仿佛悬崖对岸有人在向他呼唤,回音缥缈而有力,带着一种无法言说的空灵之美。

"独自走过这道悬崖,或许便能看到一个新的世界。"吞米·桑布扎自言自语道。

那一夜,雷霆万钧,闪电劈空而来。玛茹宫犹如汪洋之中的小舟,在风雨之中飘摇荡漾,随时都有倾覆之险。

仆人将窗子紧紧关上后,欲将窗帘也拉上。吞米·桑布扎则说不必这般小心翼翼,风雨之中亦有惊喜乍现。

黑夜渐浓,风雨不息,仿佛将要吞没世间的一切。吞米·桑布扎困意渐渐袭上来,枕着摊开的纸页慢慢睡去。梦境之中亦是风雨之夜,枝叶摇晃,雨雾朦胧,加之电闪雷鸣,实在可怖。

吞米·桑布扎在风雨之中赶路,街道上不见一人。不知走了多久,在转弯处,忽然出现柳暗花明之景,李敬大师正站于柳枝下等他走近。

"迷雾散尽后,一切将有分晓。"李敬大师之语总是如此深奥。

"已将梵文之书看遍,其字其形其意皆藏于心中。"吞米·桑布扎嘴上这样说,眼神之中却有失望之意。

"不必焦躁,梵文与吐蕃语终究有所差异。只需耐心钻研,寻觅灵感,便会找到汝之所需。"李敬大师耐心说道。

"时日所剩无几,前方之路还有多远?"吞米·桑布扎问道。

"需要汝用脚步丈量。谨记,终点不在眼前,而在心间。"李敬大师抚须而笑,慢慢走远。

吞米·桑布扎醒来时,日光早已铺满整个窗台。窗外的空地上,抵抗住风雨侵袭的格桑花开得愈加绚丽。看着眼前之景,他回想起昨日之梦,轻轻说道:"迷雾已散尽,万事见分晓。"

第七章 吐蕃文诞生：书写辉煌政权的文化创举

创制吐蕃文字母

在玛茹宫潜心研究梵文、创造吐蕃文的日子，白昼与黑夜并无明显分界，四季流转并无太大差别。春花盛事，落叶之悲，皆与吞米·桑布扎无关。

他沉浸于造字的梦境中，仿佛独自走在一条被世人遗忘的小道中。小道长得仿佛没有尽头，且漆黑无光。吞米·桑布扎便以多年积淀的知识为光，奋力前行。偶尔会踢到石子，脚步一时变得踉跄，而心中始终是坦荡的、释然的。周遭岑寂无人，整条小道只余他自己的回音。

刚开始在这条小道中穿行时，吞米·桑布扎只觉自己的足音是有回响的。及至当下，他仿佛洞悉到前方有天光漏进来，铿锵的足音荡到远方便散了出去，不再像先前那般又被密闭的墙壁给挡回来。

"道路即尽？远方即达？"吞米·桑布扎问自己。

"或许。"冥冥之中，一直呼唤他前去却未露面之人，这样回答他。

苦读七载，研习三年，终得到回报。

世间任何一种文字，无不是经历千百年的演化而成。如今将此使命压到一人肩上，未免太过苛刻。而吞米·桑布扎非但未有半句怨言，反倒将生命之热情全部灌注到造字的梦想中。他以梵文为灵感源泉，又参考纳卡热和伽什弥罗等文字，并结合吐蕃语的某些特征，终于在一个明媚的秋日，任创造的激情像旭日东升那般喷薄而出。

雪域高原阴沉的天顷刻变得透亮而明朗。在创造吐蕃文之时，吞米·桑布扎细细研究了吐蕃语语调后，从梵文字母中选出了适合吐蕃语发音的部分音调，并果断舍弃与吐蕃语相悖的音调。

梵文以元音字母与辅音字母相结合之方式构成，两者相依即成文字。元音字母相对于辅音字母而言，有"悦耳的字"之意，因其发音时毫无障碍，悦耳动听而得此名。梵文的元音字母共有十六个，吞米·桑布扎依据吐蕃语习惯，从中选取了四个。

梵文的辅音字母共有三十四个，吞米·桑布扎舍弃了五个反体字和五个重叠字。如此一来，辅音字母只剩二十四个，而这远远不能满足吐蕃文之需。为此，吞米·桑布扎苦思冥想，却仍毫无头绪。

三个月过去，他看遍带回的书籍，连带那密密麻麻的注脚皆不放过，依旧一无所获。劳累过度，却坚持不眠不休，他偏执地为一个密闭漆黑的空间找到豁亮的出口。在这三个月内，仆人一如既往地准时端来饭食，吞米·桑布扎却常常滴水不进，一心一意沉浸于文字迷宫之中。

"不进食，生命何以为续？"仆人担心至极，终忍不住相劝。

吞米·桑布扎知晓仆人心意，亦觉其话在理，便将食物吃尽。

"睡眠不足，精力则匮。须暂且放下书卷，安然入睡，以便养精蓄锐。"仆人见劝说有效，便又添了一句。

至此，吞米·桑布扎对日日与自己为伴的仆人刮目相看。他按照仆人之嘱托，掩上书卷，脱下外衣，静静躺于床上。仆人轻轻走到窗边将窗帘拉下，随后又将油灯熄灭。瞬间，室内漆黑一片。在这般万籁俱寂的氛围之中，吞米·桑布扎渐渐睡熟。

多思便多梦，吞米·桑布扎入睡之后便沉入梦境之中。在梦中，吞米·桑布扎像往常那般研究文法，抬头之际却发现一位老者站于桌旁望着他。他于惊愕之际问道："吾已将门扉紧掩，汝从何而来，又如何进入鄙室之中？"

"吾不为何来，亦不为何去。天空即是吾之路，汝房门紧闭又何妨？"老者笑意深邃，声音像是从天际传来。

吞米·桑布扎迷惑不解，以敬重之意等待老者细细道来。老者看到吞米·桑布扎眼中满是发自内心的期待，便接着说道："吾从象雄而来。"

"去往何处？"吞米·桑布扎脑中仿佛有灵感之光闪现，遂急切追问。

"去往吐谷浑。"

"为何而去？"

"去买新鲜之茶叶。"

"何时返回？"

"未知之数。"

至此，吞米·桑布扎脑中的灵感之光慢慢照亮漆黑之夜，由抽象之意转为具象之形。星辰与月亮之光交相辉映，一切皆染上美丽之色泽。

吞米·桑布扎若有所思，老者倏然消失不见。这段对话虽然简洁，却不简单，老者的每一句话中都包含着"夏""萨""啊""家""恰""贾"之辅音，而这六个辅音字母恰好是梵文中所不具备的。如此一来，从梵文中挑选而出的二十四个辅音字母，与吞米·桑布扎新创的六个辅音字母组合在一起，便可完全满足吐蕃语之需，构成与吐蕃语音相符合的叠加文字。

忽然之间，吞米·桑布扎从睡梦中猛地坐起，环视四周，方才知晓刚刚是个梦。仆人站于室内一隅，随时准备伺候主人起床，看到主人怪异的举动，便慌忙走上前去。而吞米·桑布扎一边伸手示意仆人退回角落，一边拿起笔将那六个辅音字母记下。

停笔之际，那三十个辅音字母便押着"啊"字之韵，如空灵的舞者般翩跹而来，随后那四个元音符号以轻盈之姿紧随而去。那前加和后加的符号则如扇动的翅膀，给予字母翱翔的力量；那上加和下加的符号则如来去自由的风，赋予字母前行的力量。

元音符号与辅音字母的配合是这般天衣无缝，符号的添加犹如为空白墙壁画上五彩的壁画，呆滞的室内便由此变为富有灵气的殿堂。

吞米·桑布扎推开窗，让拂去心灵尘埃的秋风吹进来。他临窗而站，久久地朝远方眺望，郁积多年的晦暗之气终于渐渐消散。

自此之后，文明之光将驱走吐蕃的荒蛮之气，照亮雪域的暗夜。藏文的诞生，终于使只具有坚硬华丽外壳的吐蕃，拥有了坚实的内核。

"是否觉得疲惫？"仆人看到吞米·桑布扎擦拭眼泪后轻声问道。

"不，只觉死而无憾。"吞米·桑布扎看着空中那只展翅而翔的雄鹰回答。

第七章 吐蕃文诞生：书写辉煌政权的文化创举

"无头字"和"有头字"的诞生

近来，吞米·桑布扎进食日益增多。每每仆人端来饭食，他即合上摊开的书籍，放下手中的笔，在仆人的注视下默默吃完。蜡黄的脸色渐渐转为红润，困顿之精神亦饱满起来，夜间的油灯也不像往常那般燃到黎明。

仆人感到欣慰，但心中仍有疑问："为何作息如此规范，文字大业已成？"

"并未。"吞米·桑布扎之语简洁至极。

"鄙人不懂。"两人因长久相伴，早已无尊卑之分。再者，以吞米·桑布扎之脾性，也不会以倨傲之态对待仆人。

"食者，生命为之续；眠也，精神为之振。汝之启示，自当谨记于心，且将其灌注于日常之中。如此，文字大业方可早日完成。"吞米·桑布扎耐心解释。

"世间万物皆有准则，此为明智之举。"仆人看到主人如此重视自己随口之语，感动不已，仿佛自己普通的人生也因此变得更有意义。

善待生命，即是善待毕生之梦想。

虽然吞米·桑布扎钻研时间大为减少，效率却得到极大提升。窗外的世界涌入室内，他安然处于其中，为创造出更为完整的、实用的吐蕃文而努力。

创造吐蕃文，是他生命中的一场盛事，亦将成为吐蕃史上流动的盛宴。千古难逢，唯怕错过。玛茹宫如一座世外桃源，避去世间喧嚣风雨，给予他现世安稳，任其肆意徜徉于知识的海洋中，像游鱼一样自由游动。

虽已依照梵文字母甄别出四个元音符号和三十个辅音字母，以此为基础组合发音，但若想将组合而成的字母形成可记录万事的文字，仍得下一番功夫。况且，纵观周围各地之文字，一般而言皆有两种功能，其一即官方正式文体，用于传达外交信函，记录本地历史；其二即日常所需，笔画简洁，便于书写，多用于普通百姓。

吞米·桑布扎以此为参照物，从梵文及其他文字中寻找灵感。因生活较为规律，饮食与睡眠皆极为充足，他的精力便格外充沛，想象力恰似扇动翅膀的雄鹰，在宝蓝色的天空中自由翱翔。

如若思绪卡在某处无以为继时，吞米·桑布扎便放下书籍，披上一件薄薄的衣服，走到玛茹宫外。趁着夕阳未全然沉入地平线，他便朝着远方走去。茂盛的植物被染上淡黄色的光泽，在秋风的吹动中摇曳荡漾。吞米·桑布扎双脚站于大地上，仿佛吸收到了大地的元气，那摄入双眼的万物皆蓬勃地生长着，好似其中蕴含着文字原生的物象。

吞米·桑布扎犹如饥渴之幼童，对他而言，这片广袤的自然之景即是活生生的文字。万物之诞生，皆离不开水源与阳光。与此同时，他脑中忽然显现出某种字形，与前些天研究的文字极为相似。

落日隐于群山之后，天地陷入一片黑暗。而吞米·桑布扎脑中闪现的灵光，指引着他回家的路。他肆意奔跑起来，跑得酣畅淋漓，堵塞的思绪瞬间变得通畅，吐蕃文犹如胶片显影般显出字形。

吞米·桑布扎回到玛茹宫后，恰看到仆人端来一碗糌粑。他喘着粗气将糌粑吃完，随后便奋笔疾书，仿佛那些文字不是由他所写，而是它们自动生成。仆人惊讶至极，连餐具都忘却收拾，就那样痴痴地看吞米·桑布扎写出的吐蕃文。

约莫两个时辰之后，吞米·桑布扎才放下笔，长长地舒了一口气。抬头之际，他才发现仆人站于旁侧目不转睛地看着自己刚刚写下的吐蕃文，眼神之中满是崇敬之光。

"是否看得懂？"吞米·桑布扎问道。

"不懂。但觉精妙至极，带有某种令人错不开眼的魔力。可否解释其中奥妙？"仆人为自己的无知而羞赧，又为主人之创造力而赞叹。

"历时多年，文字创造终于落下帷幕。此即创造而出的吐蕃文，前者为'无头字'，后者为'有头字'。自此之后，吐蕃可拼写出所有语音，表达所有含义。"吞米·桑布扎望着窗外那片浩瀚星空说道。

"小人愚昧，敢问何为'无头字'，何为'有头字'？"

"所谓'无头字'，相当于草书字体，字母之间相互连接，笔画曲线钝角，字体圆润而丰满，便于手写，今后可用于百姓日常。所谓'有头字'，相当于楷书字体，其字形多以直线和锐角为主，呈方体，具有稳定之感，简洁而大方，美观而清晰，今后可用于赞普发布信函，以及记载吐蕃历史。"吞米·桑布扎声音之中充满向往。

"玛茹宫与故乡遥遥相望，日后是否可以给阿妈传信，以告知平安？"因涉及私事，仆人怯怯问道。

"自然可以。但欲要看懂吐蕃文，需要先学习。"吞米·桑布扎坦白而言。

确实，世间并无免费之午餐。若想得到一件物品，便要为其花费足够多的功夫。此为生存之道，亦是使无趣之生命变得有意义的永恒法则。

世人总是在翻越千山万水，抵达终点后才恍然发现，终点的景致并非想象中那般绚丽无双。反倒是不眠之夜看到的那方纯净星空，口渴之际寻到的那处绿洲，迷路之时望见的那座灯塔，风雨之中觅到的那片檐角，在时光的濡染下散发出无尽的深意。

吞米·桑布扎回望来时之路，望见的是荒漠里比死亡还让人惧怕的寂寞，是山谷中同伴回光返照之际的叮嘱，是戈壁滩上夜夜侵袭的噩梦，是不辨方向的丛林中遇到的猛兽，是患病之际的苦苦挣扎，是在异乡怀念故土的游子心声。

这些记忆像是发生在昨日那般，清晰至极。吞米·桑布扎知晓，这些往事将伴随他一生。他永远不会忘记，但也永远不会对任何人提起。他将心中的某个角落打扫干净，将其妥帖地安置其中。尽管岁月无情，但他知晓再大的风雨也不会将其侵蚀。

　　吐蕃文大业尘埃落定，吐蕃之文明终有所寄托，雪域高原这块神奇的土地将开始舞动民族文化更加绚丽的霓裳。

第八章

玛茹宫里的诵读声：主臣共处一室

　　宫殿灯火通明，诵读声伴着焚香袅袅而来。在吞米的悉心指导下，年轻的赞普看到了简单笔画中拔节生长的内在力量。对文字的沉溺让松赞干布暂时忘却了外面的世界，一度把事务交给大臣们处理，吞米在众人眼中成了蛊惑人心的妖魔。众怨群起，松赞干布幡然醒悟，迅速发布政令让大臣一同学习文字。吐蕃文明在新生文字的催生下快速生长，从此势不可当。

玛茹宫踱步

世人皆言，青藏高原是一块纯净之地。

那湛蓝得近乎透明的天空，那拔地而起的巍峨山峰，以及磕长头的虔诚信众，皆会让人忍不住踮起脚尖伸出双手去触摸或许并不存在的天堂。

在岁月的侵蚀中，青藏高原并未随着时光的流逝而风化、消散，反而在晨光与黄昏的洗涤中，变得更为清澈无尘，更为纯粹无染。

在某个心血来潮的时刻，总有人会翻开那些早已泛黄的书页，在字里行间追寻青藏高原的陈年旧梦与古老传说。那里清楚而明白地记载着松赞干布金戈铁马的倥偬岁月，记载着吐蕃是如何由一个并不突出的部落创造出令世人惊叹的民族奇迹的。

如若吞米·桑布扎未创造出属于吐蕃的文字，吐蕃之文明便会被历史之风尘掩埋，生动之传说便会被时光之风吹得无影无踪。文字既存，一地之文明则可扎根发芽，后人溯洄从之时方有寄托。

但是，创造吐蕃文字又何尝是易事？求学时的苦楚生涯，以及潜心研究时的漫漫长夜，自是不必重提，而创造出吐蕃文字之后，又该如何到万千黎民之中普及，如何任其像风一般吹遍吐蕃大地？

初冬，潜入夜的风带着十足的寒气，透过虚掩的窗子吹到玛茹宫内。一盏油灯蔫蔫地燃着，一副无精打采的样子。炉火还未生，大殿内如冰窖般让人冷得发颤。

第八章 玛茹宫里的诵读声：主臣共处一室

然而，这股蚀骨的寒气让吞米·桑布扎格外清醒。偌大的吐蕃，唯有他一人懂得吐蕃文。如若吐蕃文得不到普及，便如深渊里的石子一般，毫无用处。深夜难眠，吞米·桑布扎索性起身在大殿内踱步。

如此一夜，及至黎明之时，吞米·桑布扎面容便有枯槁之状。仆人端来早膳，看到主人这般模样，便慌了心神，乱了手脚。因已跟随主人多年，当他看到木桌上摊开的吐蕃文字母，便知晓主人是在为吐蕃文普及而忧心。故而，他将早膳放于一旁，说道："世间未有平坦之路，最紧要莫过饮食与睡眠。如此，方可越过一道道坎。"

"私以为创造出吐蕃文便可抵达终点，却发现这不过是另一个开始。"吞米·桑布扎深知仆人之语颇有道理，心中愁云却仍未散去。即便看到碗中之食是最为喜爱的糌粑，他也没有丁点食欲。

"除非生命之河流尽，万事才会了结。全新之征程，亦是前路之延续。"耳濡目染中，仆人之语竟也耐人寻味。

"创造吐蕃文花费十余载，推广吐蕃文或许更耗时。依汝之见，百姓是否愿意花费时间学习？"吞米·桑布扎之声热切而急迫。

"世代为奴，只怕小人无机会。"仆人神色黯然，他认命了。

吞米·桑布扎不再说话，而是走至木桌旁，将那碗糌粑吃得一干二净。在放下碗的那一刻，他心如明镜，阻塞之思路通畅如奔腾之江河。

创造文字，是为将文字用于日常之中。难题并非在于学习时日之长短，而在于人人是否皆可享有学习机会。"无头字"与"有头字"之别，便是民间与官方之别。原来，在创造吐蕃文时，吞米·桑布扎便已为日后之推广铺好道路。

不知何时，仆人生起了火炉，火苗升蹿，火光明亮。大殿内热流涌动，犹如浪潮一波波涌来，吞米·桑布扎因寒冷而麻木的肢体又有了知觉。他安然坐于木桌前整理那些散乱的贝叶，抬头时恰好发现窗外已下起小雪。

白色的颗粒，簌簌地飘扬下来，不多时便为大地换了新装。

"天地去旧貌，吐蕃换新颜。"吞米·桑布扎望着窗外漫天的飞雪自言自语道。

初雪，连连落了两日才止息。雪域高原之上的荒草、落叶与沙砾都被积雪覆盖。田垄之间，则在静默与沉寂中积蓄着生机。吐蕃黎民皆言，来年定为丰收之年。

　　凛冽之风横扫千里，寒朔之气蔓延于整个雪域高原。而距布达拉宫不足三里地的街道中，则是另一番景象。街上张灯结彩，人潮涌动。地上摆着各式奇珍异品及生活日用品，人们各取所需，相互交换。大人们忙着讨价还价，稚童则满世界奔跑玩闹。

　　这番热闹的浪潮，被风推着涌入辉煌的布达拉宫之中。

　　布达拉宫内炉火旺盛，驱尽冬日严寒。松赞干布只穿一件单衣，外加一件披风，便不觉得寒冷。他高坐赞普之位，问前来报信的侍臣："今日集市情况如何？"

　　"热闹之极，出人意料。"侍臣跪地而答。

　　"起身将盛况细细道来。"松赞干布挥手示意侍臣站起。

　　"此次集市以泥婆罗国商品为主，其商品种类繁多、质量上乘，且对民众之日常助益极大。远近黎民闻讯而来，更有甚者奔波两天两夜，只为赶上此次盛会。"侍臣答道。

　　"我方商品出售情况如何？"松赞干布追问道。

　　"青稞酒尤胜一筹，唐卡紧随其后。这两者尤其得到泥婆罗国人喜爱。黎民所带之商品，皆销售一空。"侍臣答道。

　　松赞干布欣悦之情溢于言表："如此甚好。"他深知若想让吐蕃黎民富足起来，唯有与周边各地建立友好关系，才是正确的选择。故而，他开辟以吐蕃为中心的商贸市场，与周边互通有无。

　　由藏学家恰白·次旦平措整理，许德存先生翻译的《弟吴宗教源流》在写到松赞干布的功绩时说到"拉坚凯坚"。所谓"凯坚"即指八个市场，勃律王土、突厥、泥婆罗为上部三市场，葛逻禄（蓝眼突厥）、绒绒、丹玛为下部三市场，东东（疑为董、东）为中部二市场。

　　这八大市场，恰如奔腾之江河，为吐蕃带来源源不断的财富。

　　然而，若想让这番功绩载入史册，非具备彰显智慧的文字不可。念及此，松赞干布眼中的喜悦又慢慢暗淡。

四季匆忙流转，在心中郁积多年的愿望何年何月方能实现？

松赞干布起身走至窗边，仿佛听到了集市上热闹的呼声。而他清楚，他最希望听到来自玛茹宫的声响。

时候已到，有扇门轻轻打开。

侍臣跪地，"报！"

松赞干布转过身，面对这位喘着粗气的侍臣。**他的直觉**一向准得出奇，他知道吐蕃即将迎来万世瞩目的一刻。

策久拉康的六字真言

天寒地冻,阳光微弱,皑皑积雪毫无消融之意。寒风过境,积雪则成冰。

文成公主为松赞干布换上厚衣,又为他披上避寒的披风。知晓松赞干布在这般天气执意骑马奔赴玛茹宫,她自是万分担忧,却未有一句劝阻之语出口。毕竟,此事关系吐蕃未来,亦是松赞干布毕生的心愿。

战马嘶鸣,马蹄嗒嗒。松赞干布的披风随风飞扬,仿佛可飘至天际。路面光滑,松赞干布从马上摔了下来,可即便如此,他心中跃然而出的狂喜也未曾降温。

出发时已是黄昏,走至中途天色便成漆黑墨色。层层乌云挡住微弱月光,只得靠火把之光辨别方向。不过十几里地的距离,而松赞干布觉得这是他一生之中最为漫长的道路。凛冽之风掠过脸颊,划得生疼,他脑中却一遍遍闪现着侍臣传达给自己的消息。

"报!"

"讲!"松赞干布从未这样急迫过。

"吞米氏于策久拉康之上,写出六个大字。"侍臣大声说道,其声甚至比传达捷报时更为洪亮。

"吐蕃终于有自己的文字了?"许是太过喜悦,松赞干布竟明知故问起来。

"是。"

第八章 玛茹宫里的诵读声：主臣共处一室

一个"是"字，终让松赞干布泪流满面，多年来压于心口的那方巨石终于移开。

如此简短的对话，松赞干布却在赶往玛茹宫的途中一遍遍回味。从马背上跌落至地时，他并不觉得疼痛，而是立即跃上马背，继续前行。他深知，那些辗转反侧的无眠深夜，那些独自站于城门外眺望远方的晨昏，以及那不计其数的虔诚祈祷，皆在此时此刻得到回报。

足有九层高的玛茹宫灯火通明，恍如天光照耀的白昼。炉火燃得正旺，释放着仿佛永不熄灭的能量。

吞米·桑布扎站于怙主三尊殿之门廊外，久久凝视着光滑而干净的石壁。怙主三尊殿即是玛茹宫之主殿，位于龟状巨石南面，内有密宗事部三怙主浮雕像，即佛部之文殊像、金刚部之金刚手像、莲花部之观音像。

吞米·桑布扎手持大笔，心潮澎湃。心中之吐蕃文字形渐渐显形，且愈来愈明晰。仆人站于其身后，目不转睛地看着眼前这历史性的一刻。

狂风推门而入，掀起吞米·桑布扎的衣角，也理顺了他的思绪。顷刻之间，只见他大笔一挥，在石壁上写下六个大字。其笔力千钧，犹如巨石压顶，一钩一撩皆深沉有力。这六个大字，仿佛用尽了他的全部力量，故而在写完之后，他长舒一口气，身体靠着墙壁慢慢下滑，直至完全蹲坐于地。

那一刻，吞米·桑布扎心底豁然清晰，意识空灵而舞。即便在浓密的夜色之中，他仿佛亦可用智慧之眼看清世间万物。如若说人生如行舟，那么他则在历经山穷水尽的窘境后，寻到另一片广阔的海域。

三更已过，月光微漏。玛茹宫外响起阵阵马蹄声。

仆人透过窗户望向外面，看到火把燃烧如昼，点亮整个夜空。松赞干布跃马而下，眉宇间满是热烈之期盼。夜间的风托起他的披风，衬得他更加气宇轩昂。

仆人留下一句"赞普来探"，便如疾风奔向宫外接驾，而吞米·桑布扎只觉这六个大字具有无穷之引力，让他挪不动脚步。他也并不挣扎起身，而是遵循心之旨意，沉浸于这片文明之光中。

片刻之后，松赞干布奔至宫殿外廊，那具有深沉之意的六字便摄入他的眼眸中。在那一刻，他终于领悟到何为瞬间即永恒。世间万物皆凝滞不动，唯有那六个大字以灵动之姿自由翱翔。

松赞干布并不知晓这六个大字如何发音，亦不懂其中之意，但这并不妨碍他为其感动，被其吸引。他亦明白，这即是吐蕃文明之源泉。

此时，蹲坐于地的吞米·桑布扎的肢体与心神终于可受自己支配，故而他匍匐于地向松赞干布叩拜："吐蕃文已成。"一句话囊括了数不尽的沧桑岁月，也胜过万语千言。

松赞干布慢慢走至吞米·桑布扎面前，躬身郑重地将其扶起。"无吞米氏，便无吐蕃文。天地可鉴，吐蕃将因汝而荣。"

"此生有幸。"吞米·桑布扎眼中泛着泪光。

"可否细细诠释此六字真言？"松赞干布指着墙壁上的吐蕃文说道，神色虔敬。

"此六字为嗡、嘛、呢、叭、咪、吽。"

"其当何意？"

"嗡即佛部心，嘛呢即宝部心，叭咪即莲花部心，吽即金刚部心。其虽简洁，但每一字皆饱含深奥之佛理，组合而成便可集中全部佛法之精髓。除此之外，其亦是吐蕃文之始端，文明之发源。"

"妙哉！"松赞干布忍不住赞叹起来。

"文字未创造出来时，吐蕃虽日益繁荣，但底气不足，显得外强中干。文字创造出来后，吐蕃便如灵动之水，绵延万年而不朽。"吞米·桑布扎并非在标榜自己，亦非奉承松赞干布，而只是言说内心真实想法。

时光如梭，黎明即至。天光轻洒，雪域高原明亮如许，仿佛重获新生。上苍慷慨，生命之河未曾枯竭。

吐蕃的黎民打开紧闭的窗子与门扉，开始一天的生活。积雪在阳光的照射下渐渐融化，觅食的鸟雀飞入寻常百姓家，打破了清晨的寂静。村落里的某个老者仰望那变幻万千的流云,仿佛已预见吐蕃将迎来天翻地覆之变。

玛茹宫沐浴在上苍恩赐之天光中,彰显着神秘而绚丽的色彩。松赞干布站于窗前,细细地翻阅吞米·桑布扎为创造文字而看的那些书。纵然他一字不懂,却从那密密麻麻的注脚中想象出吞米·桑布扎不分昼夜研究各地文字的样子。

而在木桌右侧的地板上,松赞干布又看到用石子写就的字迹。字与字之间,甚至有朱红色血迹出现。他面朝吞米·桑布扎,欲要说些什么,却找不到合适的措辞,故而只好走过去拍拍他的肩膀,以示难以言表的谢意。

"身为吐蕃之民,即为吐蕃之未来增砖添瓦,此为吾毕生之所愿。"吞米·桑布扎从始至终皆未居功,而只是将此视为必须完成的使命。

自此之后,吐蕃之历史再也不只是原始的口耳相传,随着人们的喜好被肆意篡改,而是以文字记载历史,使文明闪耀永不熄灭的光芒。

赞普的格拉

泰戈尔曾说："只管走过去，不要逗留着去采了花朵来保存，因为一路上，花朵会继续开放的。"

吞米·桑布扎便是如此。他从不因留恋途中的美景而停下脚步，他不停地向前走去，穿过戈壁与荒漠，越过冰川与山谷，也走过平原与丘陵。他不知道哪里是终点，亦不确信终点是否有他追寻的梦想。

昼夜交替，四季轮转，风景一幕幕变换，他对目之所及的景色一视同仁，没有过分欢喜，也未曾过分厌恶。凋谢的花又重开，山重水复处又乍现柳暗花明。生命的花苞在从容中绽放，文明的蓝图在慢慢绘制。

他的付出，皆在时机成熟时得到了应有的回报。

冬日渐深，寒气渐浓。

自从吞米·桑布扎在墙壁上写下六字真言后，昔日安静的玛茹宫大殿便如集市一般喧嚣而热闹。

松赞干布日日骑马而来，沉浸于六字真言的喜悦之中。吞米·桑布扎站于其后，长久地沉默。及至日落时分，松赞干布再返回布达拉宫处理政事。如此往返数十日，终于有一日，松赞干布在看这六字时忽然转过身来，坦率地望着吞米·桑布扎的双眼，一字一顿地说道："吐蕃文美如天上月，然如若无实质意义，向来不合吐蕃之传统。我决定从今日起学习吐蕃文，以便使抽象之美变为具象之美。"

"赞普之言，臣已等待许久。"吞米·桑布扎深知松赞干布必会学习吐蕃文，只是时间早晚而已。

"既然如此，为何不早日相劝？"松赞干布尚有疑惑。

"凡事只有心甘情愿，才能投入全部热情。如若强迫，结局就不会令人十分满意。"这一道理吞米·桑布扎早就懂得。

"自此之后，拜汝为格拉①。望汝尽心指导，吾自当尽心学习。"松赞干布所说之言，是请求，亦是命令。而对于吞米·桑布扎而言，无论是请求抑或是命令，他都欣然接受。他躬身而答："是。"声音响亮而诚恳。

"学习吐蕃文有何要求？"松赞干布如一名学生那样问道。

"学习生涯自与戎马生涯不同，仅仅拥有智慧与勇力仍旧无济于事。笃定之意志，坚持之恒心，是其成败之关键。"吞米·桑布扎认真言道。

"谨记于心。今日暂且休息，明日将长驻玛茹宫，直至学会之日为止。"

那一夜，吞米·桑布扎与松赞干布都早早睡下。月亮之光穿过树梢洒于还未融化的积雪上，映出一片片疏影。殿内的酥油灯渐渐熄灭，躺于床榻上的人皆枕着美好的愿望睡着。夜里无风，深眠无梦，一切皆在等待黎明之时喷薄出无限能量。

人生在世，总会随着时间而变换身份。

吞米·桑布扎自启程前往天竺之日起，一路拜访名师，那时，他是勤奋刻苦的学生；如今，他将自己毕生所学，倾囊相授松赞干布，此时，他是认真负责的老师，传道授业解惑是他不容推卸的责任。

天光透过窗户照到大殿之内，松赞干布跟随吞米·桑布扎诵读吐蕃文，书写文字。先前，他惯于挽弓，惯于执剑，惯于发号施令，惯于指挥兵将，每每身临战场，便觉得自己的血液里涌动着无穷力量，心胸宽阔如无边海洋。但当他第一次诵读吐蕃文字母，写下第一个吐蕃字时，便真切地感到心

---

①格拉：藏语，译为老师。

中那扇紧紧关闭的门扉被春风吹开，阳光驱走了其内的荒蛮与黑暗。那是一种柔韧而强劲的力量，甚至胜过残酷战场上的千军万马。

吞米·桑布扎看到松赞干布眼眸中凝聚着热切的渴望，以及拼命忍住才不至于流下来的眼泪。正因见证了这一刻，吞米·桑布扎确信，即便日后再艰辛，他的第一个学生——松赞干布也会坚持下去，直至学成。

上苍具有智慧之眼，向来公平而不存私心。世人将时间用到何事之上，上苍便让那人在那件事上得到收益。如若愿望未得到满足，即是时机未成，功夫下得不足。

春去秋来，玛茹宫仍像松赞干布前来看六字真言时那般热闹。吞米·桑布扎并未做出任何举动使喧嚣如雾霭散去，而是任其如洪水般猛烈袭来。如若在这般境遇里，松赞干布仍心无旁骛地温习往日所学，世间便再无难事。

喧嚣之源，并非因松赞干布的到来而增加诸多侍臣，而是因众多官员频频请求面见赞普，向其报告政事。每当侍臣传达官员之请求时，吞米·桑布扎则站立一侧默不作声，由松赞干布决定见或是不见。而松赞干布则连头也不抬，挥挥手便拒绝了大臣们的请求。随后，他便又沉浸于吐蕃文的神秘世界里，那里仿佛总有甘甜之雨水滋润他干涸的心灵。

久而久之，抱怨之声此起彼伏，犹如暴雨前阴沉的天空，乌云翻卷，群鸟惊散。最初之时，他们都认为松赞干布只是装装样子，并非真心学习吐蕃文。但三年过去，松赞干布非但未穿回铠甲驰骋沙场，反而对吐蕃文越来越痴迷。

"政事荒芜，吐蕃恐不保。"此前最受宠之大臣直言相劝。此言一出，群臣纷纷附和。激愤之意如草原之火，愈来愈旺盛。本着"以大局为重"之准则，他们丝毫未耽搁，骑马奔至玛茹宫。

"赞普，群臣皆至，请求接见。如若不准……"侍臣欲言又止。

"不准如何？"松赞干布问道，声音带着一股凌厉之气。

"臣不敢言。"侍臣双膝跪地。

"讲！"

"如若不准，吐蕃即亡。"

松赞干布猛然站起，奋力将竹笔掷出窗外。竹笔不偏不倚，恰好落于群臣面前。群臣跪地，高声请求赞普回布达拉宫，主理政事。松赞干布本欲置之不理，打算坐于木凳上诵读吐蕃文时，吞米·桑布扎终于开口说道："赞普知晓文字之重，臣民却不知。眼前与未来，时而咫尺之隔，时而天涯之远，并非人人皆有预见之力。此时臣民应戮力同心，既然对赞普生疑，赞普应坦白告之，如此才不至于生出嫌隙。"

松赞干布缓缓放下手中之书，长叹道："时候已到，吐蕃文应当普及。一人之力，远不如万众齐心。"说罢，他一步步朝着大门走去。

吞米·桑布扎站于原地，望着天空中自由变幻的流云，默然而语："吐蕃将迎来一个新的时代。"这不是带有传奇色彩的预言，而是即将开出绚丽之花的现实。

吐蕃文学习热潮

松赞干布站于诸臣面前,神色不悦却未动怒。他何尝不知,这些请命的臣子亦在担忧吐蕃之未来。

故而,松赞干布说道:"自学习吐蕃文之日起,便觉此中蕴含无穷力量,可使万物萌动,拔节生长。它是甘霖雨露,亦是天光和风。唯有掌握它,吐蕃方有美好之未来。"

松赞干布之声如洪钟,深厚而铿锵,令四周陷入一片静默。而资历最老的大臣左顾右盼之后,终鼓足勇气说道:"臣斗胆而言,如若政事荒废,吐蕃何谈未来?"

"此后自会兼顾吐蕃文之学习与政事之管理,诸臣大可放心。然一人之力终究难成气候,诸臣亦要学习读诵与书写。如此吐蕃方能屹立于高原而永世不倒。"

诸臣听闻松赞干布决定返回布达拉宫,重理政事,心中自是欣悦万分。但他们却不愿执笔学习吐蕃文,尤其是那些跟随松赞干布征战南北的将士,更是对此极为不屑。在他们看来,双手只可挽弓射箭、挥舞刺刀,而万万不可将大把时光抛掷在纸上。

吞米·桑布扎何其聪慧,他深知大臣之所以对新生吐蕃文如此抵触,不过是因松赞干布将太多精力放到自己和吐蕃文之上。为了打消群臣之顾虑,他随即作一首诗以表心迹:

> 在这片荒凉的蕃地，
> 我是最初有成就的智者，
> 我是消除黑暗的明灯，
> 荣获我主如日月般的尊敬，
> 百官臣僚中，舍我其谁！
> 对雪域蕃地的芸芸众生，
> 我吞米的恩惠非轻。

字字句句皆是肺腑之言，其心迹如阳光那般明朗，如月华那般皎洁，如湖泊那般纯净。跋涉途中那些艰辛与磨难，那蚀骨的孤独与令人窒息的绝望，如浪潮般随吞米·桑布扎的语言涌出，明明白白地倾洒在吐蕃的大地上，任世人检验与观赏。

"臣愿学习吐蕃文。"资历最老的大臣声音响彻云霄。

"臣附议。"又一大臣说道。

"臣附议。"

……

前来请命的大臣纷纷表示同意松赞干布之提议，愿意学习诵读与书写吐蕃文。松赞干布回头看向站在自己身后的吞米·桑布扎，发现他眼中泛着泪光。

是日，松赞干布拿着三年来学习的手稿随诸臣回到布达拉宫。偌大的玛茹宫又安静下来，一如吞米·桑布扎初来时那般。

夜极深极静，星空浩瀚无穷。炉火烧得格外旺盛，呲呲地往外蹿着火星，仿佛是在跳舞的姑娘。吞米·桑布扎披一件单衣临窗而立，第一次觉得梦想离他如此之近。

那一日，逻些城里挂满五彩锦旗，百姓纷纷走出家门，聚集到布达拉宫前的广场上。冬日的阳光并不强烈，吹在脸上的风仍带着刺骨的寒意，而这并不妨碍人们内心涌动着如火焰般的热情。

年迈的老者唱起古老的歌谣，沙哑的嗓音带着岁月的痕迹。风情万种的姑娘扭动柔软的腰肢，为那美妙的歌声伴舞。周围是鼓掌与助兴的民众，他们或是随之哼唱歌谣，或是高声呐喊，欢乐的人群在庆祝吐蕃文创制成功。

直至黄昏时分，这股喧闹的浪潮方才缓缓退去，一切渐渐平息下来。夕阳悬于喜马拉雅山之上，光影投诸广袤的大地上，世间万物皆显出淡然与平和之色。

松赞干布走至人群中央，吞米·桑布扎紧随其后。他亲自将吞米·桑布扎介绍给所有人，并称赞吞米·桑布扎为吐蕃之功臣、文明之智者。

藏文古史《贤者喜宴》这般写道：

> 藏人之中七贤人，
> 吞米高为第四贤，
> 七贤绝非一般高，
> 首位当推大译师，
> 藏人总抱大恩情，
> 焚香顶礼理应该。

吞米·桑布扎始终有自己的世界，在那个世界里，他不因旁人的溢美之词而沾沾自喜，亦不因前行之路坎坷难走而心生绝望。自始至终，他皆以平和之心态、淡然之眼光对待周身的万物，以及那些不请自来的烦忧。

因而，在听到松赞干布的称赞时，他并未被喜悦冲昏头脑，而是趁机向这位智慧的赞普提出让黎民一同学习吐蕃文的请求。

"诸臣始学，皆言难度颇大，不知民众是否会望而却步？"松赞干布对这一请求心有疑虑。

"生活已过多剥夺黎民之权利，故黎民绝不会放弃学习之机会。"吞米·桑布扎语气异常坚定。

"好。"松赞干布从未怀疑过吞米·桑布扎的判断力。

气候一天天暖了起来，结冰的江河在阳光的照射下渐渐消融。阳光慷慨地洒在雪域高原这片纯粹的土地上，万物带着自然之灵气，萌出无限的生机。

偌大的布达拉宫，处处弥漫着初春的味道。每日议事开始之前，诸臣皆温习昨日所学之吐蕃文。朗朗之诵读声，是宫殿内最为动听的乐章。吞米·桑布扎站于大殿一隅，看着同僚们如此热衷学习吐蕃文，心中自是感慨万分。

"以沧桑而艰辛过往岁月，换来今日之可喜回报，苍天待吾确然不薄。"吞米·桑布扎自言自语道。偶有一两个大臣，带着疑惑之神情走向他，指着某个吐蕃文，向他请教该怎样发音，蕴含何意，其姿态之虔敬，言辞之谦逊，皆令吞米·桑布扎极为感动。

这般争先学习吐蕃文的场景，并非只在大殿之上，亦存在于大街小巷与田垄之间。黎民在笑谈中、在耕田时、在浆洗衣物时，甚至在梦境里，皆将吐蕃文之学习融入其中。背诵之苦与书写之难，并未击退他们学习的热情，反倒令他们愈加明白字里行间蕴含的深意。

吞米·桑布扎就这样舞起了吐蕃文化的绚丽霓裳，并让吐蕃之蓝图越来越明晰，越来越具象。

满载威望的吐蕃文信函

初春，暖阳。富庶之长安城。

长安城的牡丹开得灼灼耀目，为求得世人一顾而尽情摆弄妩媚风姿。宽阔而平坦的街衢中满是赏春的行人，美丽的姑娘换上轻薄的新衣裳，静静地站于嫩绿的垂柳下，娇羞地等待着意中人前来。贪玩的稚童跑得满额大汗，追逐着天空中自由翱翔的飞鸟。商贩的吆喝声此起彼伏，更为这番热闹之景添了市井的色彩。

忽然之间，一匹载着士兵的驿马飞奔而来，手拉缰绳，口中不住地发出"驾、驾"之声。路上行人纷纷避到街衢两侧，为士兵留出一条并不狭窄的道路。士兵心中感激，为不过多叨扰民众，便迅疾打马而过。

仿佛眨眼的工夫，他便来到宫墙之外。守在宫门外的士兵见状，急忙打开宫门，跃马而下的士兵便快速走进宫殿之中。

"此有吐蕃书信一封，请公公转交陛下。"士兵从衣内拿出一封书信，双手递给内侍。内侍将其拿在手中，细细端详信封上那如天书般的文字，虽未看出任何深意，但他答应定然将此信交予皇帝陛下。

已近晌午，阳光热烈却不刺眼。春日的一切皆是刚刚好的样子。

内侍陪伴唐太宗多年，自然懂得察言观色，看到唐太宗此刻神采奕奕，便不失时机地从袖口里拿出那封书信。

"陛下，吐蕃有书信传来。"内侍笑着将书信递给唐太宗。

第八章 玛茹宫里的诵读声：主臣共处一室

"吐蕃？吐蕃向来以口信传达消息，难道其已创制文字？"唐太宗甚是惊讶。

"老奴看未必。"

"即刻命前不久自吐蕃返回之人前来。"唐太宗心想，唯有曾经驻扎于吐蕃之人方才知情。

被传之人喘着粗气前来，未来得及请安，唐太宗便将书信交至其手中，并问其吐蕃是否已创造出自己的文字。那人终于知晓唐太宗急着召见自己并非因己之事，而是为吐蕃之文字。他悬着的心慢慢放下，细细地将吞米·桑布扎启程去天竺求学，历经磨难后返回吐蕃的经历，以及钻研三载有余而创制吐蕃文并使其普及开来的功劳，为唐太宗一一道来。

"可赞可叹！以文字为翼，吐蕃之未来将无可限量。"唐太宗默然听完，不禁发自肺腑地称赞，又问，"吐蕃之书信所写为何事？"

那人展开书信，大致浏览之后便开始为唐太宗诵读："圣天子平定四方，日月所照之国，并为臣妾，而高丽（即高句丽）恃远，阙于臣礼。天子自领百万，度辽致讨，隳城陷阵，指日凯旋。夷狄才闻陛下发驾，少进之间，已闻归国。雁飞迅越，不及陛下速疾。奴忝预子婿，喜百常夷。夫鹅，犹雁也，故作金鹅奉献。"

字里行间抹不去的是对大唐的赞誉与祝祷，此虔敬之意更令唐太宗加深对吐蕃的好感，以及对吐蕃之繁荣未来的笃定。

曾几何时，在松赞干布心中，雍容华贵之长安城即如苍穹之月，可望而不可即。如今，仅仅一封以吐蕃文写就的恭贺信函，便让长安城不再是遥不可及的天堂。

正是仲春之时，雪域高原的天空如同毫无杂质的宝石，姿态万千的流云飘浮于湛蓝色的天空中，像是隐藏着某种寓意。

吞米·桑布扎仍如往昔那般临窗而站，望着丝丝缕缕的流云，以及那成群结队翱翔的飞鸟，静默而不动声色。自整个吐蕃皆学习吐蕃文以来，他在夜间便睡得极沉极安然，仿佛多年来的梦想终于在现实的土壤中生根发芽，多年的心结慢慢打开。

然而，登上巅峰之人，看到的天空更为广博，看到的大地更为宽阔。历经沧桑世事之后，吞米·桑布扎再也不惧途中之暴风骤雨。抵达过更远、更辽阔的世界后，吞米·桑布扎便不再满足于脚下的方寸之地。文字之使命已完成，文明之蓝图尚未变为眼中实景，故而他仍要朝着荒草蔓生的荆棘处走去。

他并非有意为难自己，而是深信生命之厚度与梦想之深度骨肉相连。

于是，他向松赞干布建议，日后要以书面信函替代可被使者随意篡改的口信，以此为联结，与臣服于吐蕃的各个势力保持臣属关系。松赞干布初闻这一提议，自是击掌赞好，而细想之下又觉说之容易做之则难，其一便是吐蕃人人皆已学会吐蕃文实为不假，但周围各势力之中并无一人懂得初创的吐蕃文，即便有信笺传去，亦与废纸无异。

吞米·桑布扎何尝没有想到这一障碍，他心中早已有了对策，即告之各地派出一名使者前来学习吐蕃文，学成之后再返回将其发扬光大。如此一来，不容更改的信函便可寄送到各地，吐蕃之名亦可在吐蕃之外的广袤天地里如花绽放。

松赞干布未发一言，而是将敬重与感激之目光投注到吞米·桑布扎身上。吞米·桑布扎迎着这目光，郑重地点点头，未发一言，心里却许下弘愿："作为吐蕃之臣民，即为吐蕃之繁荣与昌盛献上毕生之热情，直至生命终结之日方止。"

那一日，布达拉宫内的格桑花全部绽放，清风将醇香送至吐蕃每一处角落。

侍卫骑马自城门而入，面容之上皆是欢欣与骄傲之色。骑至宫殿大门后，他跃马而下，朝着大殿直直奔去。

此时，松赞干布正与吞米·桑布扎议事，看到侍卫闯入，不禁面露不悦。侍卫赶紧抢在松赞干布发怒前报告大唐有信笺传来。

大唐传来的信笺，洋洋洒洒足足写了三页有余，字里行间溢满对吐蕃文诞生的祝贺。吞米·桑布扎站于旁侧，知晓一切艰辛的付出皆可得到回报。

在随后的时日中，侍卫频频将天竺、泥婆罗、象雄、吐谷浑之信笺递到松赞干布手中，字里行间表露出对吐蕃未来的祷祝。

至此，松赞干布终于深切体悟到吐蕃文蕴含的内在力量。笔画与字符看似简单，但合而为字便成了有血有肉的生命，词汇组成段落便有了可以舞动的自由灵魂。在字与句之间，他感受到的是柔韧而强劲的能量，是明朗而普照万物的文明之光。

而吞米·桑布扎并未因此沾沾自喜，他明白在到达生命终点之前，任何地方皆是驿站。他还要前行，还要去迎接那些未知挑战。

第九章

译经：在文字转换中流淌的文明交融

　　翻译是不同文明的文字交融，原作者在异国文化的土壤中重新获得文化生命，翻译家却往往被忽略。他们身上流淌着包容通达的血液，包裹着文明交织的气息，为了更加贴切传神地转述作者原意，常常揣摩推敲而彻夜不息。吞米在创制文字、文法之外，还翻译了《二十一显密经典》《宝星陀罗尼经》《十善经》《般若十万颂》《宝云经》《宝箧经》等二十多种佛经，这些来自天竺、大唐、泥婆罗、克湿弥罗、和阗等地的各具风格的佛教经典在吐蕃文中发生融合，为藏传佛教和藏文化的形成输送了新鲜的血液。

声明学不再是一人的专利

世间所有的路，皆没有终点。开始与结束，亦没有明确的界限。负重前行是那些心怀梦想的人们唯一的选择。

吞米·桑布扎并未过度沉浸在成功创造吐蕃文的喜悦中，他很快就为自己找到了一个新的人生目标。

雪域高原正值初秋，格桑花仍开得灼灼耀目，仿佛蕴含着坚韧的生命力。秋风舞动，所到之处皆是凉爽之意。苍鹰盘旋于湛蓝色的天空之中，硕大而强劲的羽翼，即是它们开启天空之门的密钥。

吞米·桑布扎站在一棵枝叶渐渐转黄的左旋柳下，若有所思。那棵左旋柳应该比他的父亲年纪还要大，每至秋末，树叶便簌簌地掉落。然而，蛰伏整整一个冬季后，那棵左旋柳又在一缕温煦春风的吹拂中萌出嫩芽，以令人惊叹的姿态再度彰显生命的活力。

那一日，从晨昏至日暮，吞米·桑布扎始终站于那棵古树之下。仆人将糌粑端到吞米·桑布扎旁侧，吞米·桑布扎却一点未动。直至天色转暗，夜幕降临，他才慢慢走回点燃油灯的屋内。

周围一切皆是静的，令秋风的翻书声更清晰可闻。仿佛是一瞬间，吞米·桑布扎忽然看到先前那条弥漫着浓密雾霭的道路正一点点向自己脚下蔓延，路的两侧时而空无一物，时而姹紫嫣红，在路的尽头更是散发着耀目的明亮之光。吞米·桑布扎确信，那里即是他想要的未来，纵然他一时还不知晓那是一条怎样的路，亦参不透该如何踏上征程。

熄灭忽明忽暗的油灯后，他便枕着透进窗来的月光入睡。梦境悄然而

第九章 译经：在文字转换中流淌的文明交融

至，仿佛已等他许久。在梦里，有一位鬓发斑白的老者拄着拐杖向他走来。雾气氤氲，吞米·桑布扎只觉此人熟悉至极，却一时看不清老者的面容。老者每走一步，雾气便淡一些。当他走至吞米·桑布扎面前时，雾气恰好散尽，吞米·桑布扎怔在原地半晌，终于跪地而拜："李敬大师！"

"时光苍荏，不待万物。鬓发尽染岁月之痕，难怪汝见到为师如此惊愕。"李敬大师一边说着，一边将吞米·桑布扎扶起。

"近来弟子常有困惑之感，时而觉无路可走，时而觉处处皆是路。吐蕃文已成，生命却仿佛失去寄托，只感到虚度之惶然。"吞米·桑布扎的声音低落如秋雨，带着漫天的凉意。

"为师已听到汝之呼唤，故不远千里而来。吐蕃文已成不假，却只是开始而已。民众皆领会其精髓，方是正途。岁月弹指之间，生命短暂，万物皆可被风尘掩埋，吐蕃文亦是如此。唯有将吐蕃文之规范、准则、原理一一写出，方有永恒之兆。"李敬大师娓娓道来，其声如清凉之露缓缓注入吞米·桑布扎将要干涸的心田。

吞米·桑布扎再未发一言，只是无声地跪于李敬大师面前，以表心中无法言说的谢意。

在吞米·桑布扎的注视下，李敬大师一步步走进迷离的雾中，走向遥不可知的远方。

清晨，天光明亮如初。少许枯黄的叶子从古树枝头坠落，而这何尝不是另一场开始？时间仍在继续，而明朗之春日终会重回人间。

吞米·桑布扎从睡梦中醒来，看着窗外明朗的天空，先前混沌的内心终于有了新的目标。夜里的梦境仍旧清晰如真实发生过一般，李敬大师的谆谆教诲回响在他的耳畔。

是的，将吐蕃文的规范、准则和原理清楚明白地写下来，并流传于后世，如此，吐蕃文才可获得永世不朽的生命力。吐蕃后人在学习吐蕃文时，也就有了可供参考的资料。况且，初创之吐蕃文并非完美无缺，聪慧之后来者亦可以此为蓝本将其完善。

心意已决，内心便又充满无限力量。那些在木桌上随清风翻动的空白纸页，终于有了用武之地。

食物为生命之延续提供养分，而生命之延续是梦想达成之前提。仆人端着糌粑走进屋内，见吞米·桑布扎眼神之中充盈着明亮的光芒，便知他又将开始一段全新的征程。还未等仆人将糌粑放置于木桌上，吞米·桑布扎便接过来享用这美味佳肴。

用完早膳，他便坐于桌旁，彼时恰有一只雄鹰飞过，扇动着的翅膀仿佛要将蓝天划破。略加思考之后，他提笔写下三个大字：声明学。这三个字犹如江河与海域之源，蕴含着无穷无尽的广阔世界。

文明之天竺有五明，即声明、工巧明、医方明、因明和内明。所谓声明，即研究语言及其名身、句身、文身等如何构成的一门学问。在天竺，童子满六岁时便开始学习声明学著作。可以说，声明学是天竺之独有。

吞米·桑布扎则认为，世间之文明犹如清流，可相互流通而仍纯净如常。天竺以梵文为据而写出声明学，吐蕃亦可以吐蕃文为据写出声明学。虽皆为研究语言之学问，到底因语言之不同而有本质差异。

先驱者置身苍茫无人的境遇中，四面八方皆无路可走。而为了追寻美丽的梦，他们必须在蔓草丛生中开辟出一条全新的路来。其艰辛自是非比寻常，但肩负重任之人从未想过放弃。

故而，在写《声明学》时，吞米·桑布扎时常因某一个字的用法而苦思冥想许久。他在夜间写作的时间越来越长，油灯燃烧整夜时常有之。仆人相劝多次，终究无济于事。值得庆幸的是，他并未因长时间写作而出现精神萎靡之状，反倒因梦想就在前方而倍加雀跃。

第二年初夏，格桑花零星地绽放于雪域高原的各个角落。《声明学》最后一个字落于纸上后，吞米·桑布扎长长地舒了一口气。院落里古树绿意盎然，生命在枝叶间闪烁着明亮的光。自此之后，声明学不再独属于天竺，亦属于智慧之民族——吐蕃。

有的人，生来便注定为民族文明之繁荣而追逐一生。吞米·桑布扎即如是。

第九章　译经：在文字转换中流淌的文明交融

佛教经典在高原流传

东之富庶大唐，西之淳朴泥婆罗，南之虔诚天竺，皆大力发扬普度众生之佛教，并以此为安抚民心、稳定国邦之根基。

对于此，吞米·桑布扎何尝不知。然而，自天竺返回故乡之后，他便将全部热情与精力投注于吐蕃文创造中，即便博大精深之佛教时常潜入他的梦中，他亦无暇兼顾。

如今，吐蕃文已成，《声明学》也已写就，是时候着手去攀登另一座高山了。要使吐蕃屹立于雪域高原而永世不倒，唯有建立与发展吐蕃的民族文化和统一思想的支柱。

纵然他并未经历吐蕃内部为争夺赞普之位而相互残杀的年代，却从年迈之老者与智慧之父亲口中听闻那些鲜血肆流的骇人过往。松赞干布十三岁登上赞普之位，即是因其父南日伦赞在叛乱中被人毒害致死，如此，他只得在小小年纪被推到风口浪尖上，坐上赞普之位，迎接生命中的挑战。

这些带着腥味与血迹的惨烈过往，并非已然完全成为过去。因思想信仰还未统一，臣服于吐蕃的各个部落，仍保留自己的原始宗教，致使他们常起纷争。此般不稳定因素，犹如深夜之噩梦，成为吐蕃继续发展的枷锁。

吞米·桑布扎深知攀爬这座高山时定会遇到重重艰难险阻，但他已然决定背上行囊，开始新的征程。

天光热烈而明亮，慷慨地洒于世间。布达拉宫的大殿内，窗明几净。吞米·桑布扎与松赞干布相对而站，注视彼此的目光中皆有充满梦想的光芒。这份梦想并非私欲，而是关乎吐蕃之当下与未来。

　　松赞干布在寂静的夜里，或是辗转难眠，或是噩梦缠身，生怕所载之舟倾覆，历史无情重演。为此，他做过诸多防范准备，但那些准备并未触及叛乱之根源。而当看到吞米·桑布扎沉稳地走进大殿时，松赞干布知晓一切恶源皆可终止。

　　群鸟飞过，天空无痕。云烟万状，自由变幻。

　　吞米·桑布扎双手捧上梵文之佛教经典，递到松赞干布面前。松赞干布并不认识梵文，却觉这些书籍散发着智慧之光，可将世间一切阴暗之处照亮。

　　"纵然高处不胜寒，而有志之人皆向高处行。苦心经营多年，吐蕃方有今日繁盛之局面。赞普向来志向高远，绝不会止步于此。更何况臣服之部落仍是虎视眈眈，心魔难除。依臣愚见，吐蕃当此开辟另一条道路。"吞米·桑布扎耐心并且细致地讲解自己的看法。

　　"如何为之？"松赞干布喜欢这般坦率之臣。

　　"发展佛教。"

　　"时机可成？"

　　"自然。大唐之文成公主与泥婆罗之尺尊公主皆笃信佛教，请来以金色释迦牟尼与觉卧不动金刚佛像为首之诸多身、语、意圣缘。鄙人亦从天竺带回多部佛教经典。如此看来，大乘佛教之发展时机已然成熟。"吞米·桑布扎条分缕析，坦然言之。

　　"甚妙。"

　　"自今日起，鄙人着手将手上之梵文佛教经典译成吐蕃文，便于在民间传诵。"吞米·桑布扎深知，唯有信仰可将松散之邦凝聚在一起。

　　走出大殿时，已临近晌午。鸟群栖于古树之上，阳光照亮每一片翠绿的叶子。世间万物，皆有生长的自由与权利。吞米·桑布扎仰头望望遥远的蓝天，又信步朝前走去。前方，是他唯一的方向。

第九章　译经：在文字转换中流淌的文明交融

心中所想与着手去做之间，总是隔着千山万水。

吞米·桑布扎本以为读懂梵文，即可轻易完成翻译工作。但真正着手翻译梵文佛教经典时，才知道面临的困难前所未有。佛教经典本就深奥难懂，字里行间蕴含的义理，甚至只可意会而难以言传。吞米·桑布扎虽领悟其中之意，但要下笔时，却时有语塞之感。

此般情况，时时出现，故而三月有余，他只翻译了一部经书中的十页。行路之难，并未让他心生退意。既然前路艰险，他索性暂时停下脚步，放下笔，放空思绪。他按时享用三餐，早早熄灯深眠，清晨独自出门散步，于容纳万千的自然之中寻求佛教之原相。历经沧桑世事后，吞米·桑布扎终于领悟到，使用蛮力于事无补，关键是要寻求其根源。

一日，他拿着几片扇形的叶子散步归来，准备享用味道香醇的糌粑，仆人却只端来一小碗清淡的粥汤、几个水果。吞米·桑布扎不解其意，仆人说道，祖拉康佛殿即日动土修建，故而斋食要清简一些。

祖拉康即今日之大昭寺。关于大昭寺之修建，向来有带着神秘色彩的传奇故事流传于世。《教法史》有云，文成公主根据汉历推算出吐蕃之地形与罗刹女仰卧之形状神似，祖拉康所在之地即罗刹女之心脏，亦即恶趣之门，唯有在此修建一座雄伟的佛殿，并在其内供奉上释迦牟尼的佛像，方可保吐蕃世代平安。如此，松赞干布便依文成公主之见，下令修建祖拉康佛殿。

传奇故事是否为后人一厢情愿的美丽想象自是无法断言，但松赞干布决定修建祖拉康定然是想在吐蕃大地上发扬向善之佛教。

当吞米·桑布扎从仆人口中听闻这一消息后，看着手中那几片扇形的叶子，堵塞的思绪仿佛瞬间通畅，智慧之水向前奔腾，佛教的深意慢慢浮现于清澈之河中。

"佛教深奥，下笔却要浅白易懂。聪慧之人自会从浅显之表象中寻到其深意，而普通人也可从质朴之语中与佛教结缘。"吞米·桑布扎对自己说道。他快速地吃完清简的早餐，便坐于桌前重新翻译未完的佛教经典。先前那些难以下笔翻译之处，此刻却如清泉流于笔端。

世间所有的事，皆讲求时机。时机未到，诸事难成。时机到时，一切皆如顺水推舟。

祖拉康完工恰逢一个明媚的春日，坚冰开始消融，群鸟展翅翱翔。沉寂一冬的人们纷纷走到宽阔的街道上，欣赏这世间美景。

也正是这一日，吞米·桑布扎完成了所有的翻译工作。吞米·桑布扎看着桌上这一沓沓稿纸，心中甚感满足。以吐蕃文写就的《观音菩萨二十一部经读》《宝集顶陀罗尼经》《十善经》《般若十万颂》《宝云经》《白幢经》，一一陈列于他的眼前，他仿佛看到了吐蕃辉煌之未来。

回首这三年征程，吞米·桑布扎早已忘却独处的寂寞与重重的艰险，而只记得两岸落英缤纷的绝美景色。

"下一站是何处？"吞米·桑布扎望着自由变换的流云问自己。

"只管前行便是。"他坦然答之。

吐蕃文文法参考书千年传颂

法国作家安德烈·纪德曾说:"我生活在妙不可言的等待中,等待随便哪种未来。"这并非消极之语,而是以坦然之姿态迎接涌至自己世界的一切事物。时刻前行,也时刻审视自己,却从不强求,亦不对自己苛刻。

吞米·桑布扎何尝不是这样。他对世间万物皆抱有一种仁慈之心,倾情度过每一个平淡无奇的日子,不辜负生命赋予的重托,却从不苛求自己成为完美之人。故而,在前行的路上,他只是一点点填补生命的空白,让生命之广度与生命之厚度成正比。

已是深夜,窗外忽然下起雨来。雨势并不急,但落在屋檐上仍如珠玉落入圆盘之中,叮当作响,清脆有声。

吞米·桑布扎睡得不实,便被这春雨惊醒了。醒来再难入眠,他索性披件薄衣站到窗前。窗子是虚掩的,清风便携着夜雨潜入屋内。吞米·桑布扎并未燃亮油灯,而是独立于这清冷的黑暗之中,感知这个世界,以及自己那颗不知因何而加速跳动的心。

春天的夜雨,少有闪电与雷声相助。它温和的气质,恰与清醒的吞米·桑布扎合拍。心田被细雨浸润着,埋藏其内的种子便渐渐萌出嫩芽,吞米·桑布扎在这寂静的黑暗中找到了通往前方的路途。

前不久他问自己该走向何处,如今他已明白,手中之笔即是道路,书写便是以另一种方式前行。

不知过了多久，雨声渐渐于耳畔消失，困意又袭上来，吞米·桑布扎便躺回床榻之上，重新潜入美丽的梦境中。努力而为，且顺其自然，这是他对自己一贯的要求。故而，失眠时不抱怨，困意弥漫时又倒头而睡。此是生活之哲学，亦是求学之哲学。

清晨醒来，处处皆散发着清新之气。树叶经过雨水的洗涤，每一片皆闪耀着纯净之光。广阔之大地，更是如换容颜般变得清新至极。吞米·桑布扎亦有重生之感，从外在肢体到内在心灵，皆褪去昨日之沉重干瘪，而变得轻盈饱满。

用过早膳后，他信步来至布达拉宫大殿，拜见松赞干布。彼时，松赞干布正与其他大臣商议下次市场集会的物品，吞米·桑布扎见状便欲退出大殿，却被松赞干布叫住："此为市场集会之事，不必见外。有何意见，一并提出便可。"

吞米·桑布扎此前并未过多参与吐蕃之经济，如今听得其中一位大臣说贸易状况如何直接关乎吐蕃黎民之生活，互通有无即吐蕃富强之正途。那位大臣见松赞干布并无异议，继续说道，可从东方之大唐引进绸缎帛绢与谷物，可从南方之天竺引进吐蕃所缺的粮食与果类，可从西方之泥婆罗引进吐蕃氆氇所需的紫梗与颜料草。

松赞干布听完后，随即点头同意，并就此事征询吞米·桑布扎的意见。吞米·桑布扎坦率言之："互通有无，互取所需，且发展经济，实为高妙。臣一向钻研文字，如此看来竟是闭塞之行为。"

"此言差矣。经济为躯体，文明则为血肉。两者兼而有之，吐蕃方可走向辉煌之未来。"松赞干布并非刻意褒奖吞米·桑布扎，而是事实即如此。

松赞干布将集会之事交代清楚后，那位大臣便起身告辞，大殿之内便只剩松赞干布和吞米·桑布扎二人。

时光急速而驰，万物之影渐渐变短。布达拉宫大殿的门扉，仍紧紧关闭着。站于门口两侧的侍臣们，在阳光的照射下沉默不语。而在大殿之内，主

第九章 译经：在文字转换中流淌的文明交融

臣相对而立。

"既然经济可交流，以增强实力，那么文化亦可交流。"吞米·桑布扎说道。

"如何为之？"松赞干布眼眸之中尽是渴望，故而语气比任何时候都更着急一些。

"赞普不必急切，臣心中已有分晓。其一即写作吐蕃文文法之书，为后人完善吐蕃文提供浅薄之依据。其二即制定统一的法律法规，以巩固吐蕃之政权。"吞米·桑布扎缓缓说道。

"此两者是否分先后？"

"吐蕃文文法理应在前，如此，黎民学习吐蕃文才会更为便利。吐蕃文普及之后，统一法律法规的制定便顺理成章。"

"其间是否有阻碍？"

"世间并无平坦之路，万事皆会遇到阻难。若非如此，人生也便失却意义。"

"如何完成？"

"未来之事，只管交给未来。活在当下，尽力而为，阻难或可纷纷退避。"吞米·桑布扎之语不急不缓，却有看透世事的力量。

返回自己的住所时，已近黄昏。宝蓝色的天空开始转为淡橘色，远山之上升腾起薄薄的雾气。群鸟扇动翅膀纷纷归林，一切即将归于沉寂，但一切也将以全新的姿态重新开始。

吞米·桑布扎始终以平稳的步调向前走着，不自卑，亦不做作；不过分沉默，亦不过度张扬。这一次亦是如此，勤勉耕耘，努力前行，随之将路上所获散播于世。

夜幕降临，酥油灯的火光驱走屋内的黑暗。吞米·桑布扎开始写作与吐蕃文文法有关的书籍。思路时有堵塞，而他并不懊恼，只因这是前行路上必经之坎，唯有以坚定之意志越过，方可迎来另一座高峰。

痛楚与困苦，永远与成功相伴而行。在追逐梦想之时，吞米·桑布扎从不与纷纷涌至身边的困难对抗，而是尝试与其和解。如此，梦想才会频频照亮他前行的路。

在某个落雪之日，炉火烧得格外旺盛。吞米·桑布扎停笔望向窗外，知晓文法写作的结束即制定法律法规的开始。在这段不长亦不短的时间里，吞米·桑布扎写下了《文法根本三十颂》等语言文法著作。其中，《文法根本三十颂》以韵文歌诀的形式说明了吐蕃文的主要文法规则。这些文法著作既有留传下来的，也有遗散于历史长河的，而保留下来的著作不仅是历史最早的关于吐蕃文的文法经典，还是现在研究西藏文字的必读之书。

第九章 译经：在文字转换中流淌的文明交融

赴任执法大臣

光阴在晨昏日暮中穿梭而去，有人哀叹一生太过短暂，有人则抱怨生活缺乏应有的热情。如此说来，光阴则是这世间最无情之物了。

但在吞米·桑布扎看来，在这大千世界之中，最为公正的便是时光。它不偏颇于某人，亦不苛责某人，而是给予世间所有人同样的日与夜。或是倾洒全部热情，为空白的一日染上惊世的绚丽色彩；或是无所事事游戏人间，任凭空白之处仍单调如初。这两种截然不同的生活方式，皆是人们自己的选择，时光从不干涉。至于生命终局如何，时光亦不对此做任何评价，而是由人们自己承担。

吞米·桑布扎深知生命之中常有遗憾之事，但他并不以此为由而虚度光阴。在他看来，每一日皆是生命中最后一日，如此过活才不至于辜负每一个日子。故而，他尽力去追，默然耕耘，即便生命就此终结，他亦觉此生不悔。

行走于人间，面容之上便会染上俗世之风尘。近来，吞米·桑布扎时常有疲累之感，看几个时辰的书，双眼便会感到酸涩；散步时仅仅走上三里地，双腿便会感到无力。如若是旁人，多半会因此而生出惧怕之意，惶惶不可终日。而吞米·桑布扎非但毫无惧意，反倒精神更为抖擞。生命之长度无可更改，而生命之厚度却可因世人之作为而有所改变。

吞米·桑布扎并非贪婪之人，自然从未祈求长生不老。当生命向他敲响警钟时，他只求活得更有价值、更有意义。坦然、静默、尽力、用心、坚定，是他永不会丢弃的品质。既然吐蕃文文法已经写成，制定统一的律法之重任便开始践行。

当他告诉松赞干布，法律法规之制定可即刻着手时，松赞干布自是喜悦万分。当群臣纷纷抵达大殿之后，他不动声色地宣布了这一重大决定："往昔，吐蕃未有统一之法规，诸部落之间各据一方，自行征战，黎民为之苦。是故制定一部统一的法律法规势在必行。"

此言一出，群臣议论纷纷。摇头者甚众，中立者亦不在少数，唯寥寥几个忠烈之臣，对此表示赞同。吞米·桑布扎早已预料到这般情状，便不紧不慢地走至大殿中央，诚恳地说道："一己之利为小。吐蕃强大，诸位才可平安度日。"众臣议论之声才渐渐变弱直至消失。

改革之路向来艰难，而革新之人即便流血也从未生过退却之念。

松赞干布和吞米·桑布扎共处一室，殚精竭虑为吐蕃之统一法律法规而付诸全部精力。两人的意见时有相左，但争论之时并不以地位高下而定结论。吞米·桑布扎始终相信松赞干布是一位智慧之人，松赞干布亦佩服吞米·桑布扎之胆识。两人彼此欣赏，互相切磋，为吐蕃之未来奉上毕生之热情。

四季流转，又是一年的夏日。窗外连日皆是晴天，阳光明媚而饱满。吞米·桑布扎将最后誊写的法律法规呈给松赞干布："臣已检查数次，并无遗漏。"

松赞干布双手接过这份法律法规文献，犹如将一个新生的婴儿揽在臂弯中，闻到的是生命的乍喜，看到的是生命的绽放。一切皆泛着鲜活的生命力，让人不由自主憧憬起吐蕃绚丽的未来。

在第二日的议事会上，吞米·桑布扎在松赞干布的授意下宣读制定的法律法规条文。统一之法律法规即是后世所说的《基础三十六制》。所谓"三十六制"，并非真的有三十六项条文，而实际上只有基础六制。

其一是六大法典。包括——

六六大计法：划吐蕃为五大翼；将土地划分为十八个地区的势力范围；设置六十一个豪奴千户；划分奴隶等级，驯奴臣仆分为奴隶和再奴隶；"三尚一伦"总理吐蕃事务；设置戍边三军。

度量衡标准法：制定了统一衡量粮食、酥油、金、银的度量衡标准。

伦常道德法：以生死代价表示伦常道德。

敬强护弱法：在法庭之上，对两名控告者的呈词进行真伪分析，而后以照顾到有权势者与贫弱各方为原则做出判决。

判决权势者的法律：重大罪责必须依赞普之法判决。

内库家法：一种赞普内库法。意为积累和保管仓库的财物等内部工作的归总法律。

其二是六大政治制度。其中包括孝养主人而偿还利息；抑制豪强、扶助臣仆；驯奴不充豪奴、吐蕃之法不及女人；守卫边界、不践民禾；征服敌人、抚育臣民；奉行十善、舍弃非十善。

其三是六级褒奖。此是关于如何奖励有功之臣民等级的规定。

其四是六种标志。即宣布赞普之令的标志、营相的标志、宫殿的标志、赞普奉行佛法的法相标志、震慑敌人的英雄相的标志、精通政务且有才能者的标志。

其五是六种称号。即六种针对摄政之臣与臣民划分出的善号和恶号。

其六是六种勇饰。即根据功绩之大小分为虎皮褂、虎皮裙、大麻袍、小麻袍、虎皮袍和豹皮袍。

吞米·桑布扎将以上条文宣读完后，大殿内静谧无声。大臣们从未想到，法律条文如此严谨、全面，即便有人想刻意提出一些异议，也是无话可说，最终只能闭口不言，同意此项法律文件通过。

吞米·桑布扎站在台阶之下，朝着台阶之上的松赞干布望去，眼神之中尽是望尽千帆之后的释然与圆满。那些不眠的深夜，意见相左时的争执，以及途中遇到的种种困难，皆成了此时此刻的笑谈。

随后，吞米·桑布扎听到大殿内回荡起松赞干布的声音："自今日起，任吞米氏为执法大臣，监督法令在各地顺利执行。"众人惊愕，却无可辩驳。而吞米·桑布扎看到松赞干布眼中的信任之意，便未推辞。

正值晌午，天光透过窗子照进大殿之内，照亮了吞米·桑布扎的眼眸，亦照亮了吐蕃文明的未来。

走出大殿后，他回望恢宏的布达拉宫，深切感受到自己的生命已深深嵌进它的一砖一瓦之中。明日，他又要启程，而他始终喜欢奔波于途中的感觉。

第九章 译经：在文字转换中流淌的文明交融

独自踏上归去之路

雪域高原的每一寸土地皆留下了吞米·桑布扎坚定而沉稳的脚印。历史的风尘可掩埋他的行迹，却无法磨灭他眼眸中散发的赤诚之光，以及他时刻追逐的梦想。

他将这一切，归结于上苍与自然的馈赠，而他所做的不过是默默耕耘，始终行于途中，以笃定之意志与不放弃的信念，越过一道道坎坷。

在监督新制定出来的法律法规在各地实行时，遇到的阻难并不比独自攀爬一座高山、在寂静之夜中写一本吐蕃文文法书少。法律法规的执行，关乎吐蕃所有的黎民与贵族。坦白言之，这不再是一人的孤军奋战，凡是吐蕃之人皆要为之付诸努力，或是舍去某些利益，或是裁撤一些官职。这是一项关乎人情与世故的任务，而偏偏法律法规最铁面无私。

在执行过程中，吞米·桑布扎难免会因触动某些人的利益而招致抱怨或愤恨，但他并未默默忍受，亦未利用职位之便将泼于自己身上的脏水再泼到他人身上，而是耐心地向对方讲解吐蕃与臣民、公利与私利、未来与现实之间的关系。

他从不挑衅，也不会咄咄逼人，而是用动之以情、晓之以理的方式，将吐蕃未来之蓝图描绘而出，让所听之人不由自主心向往之。

从一地奔赴至另一地，面容之上难免染上岁月的风尘，但当统一的法律法规在各地得以顺利执行时，所有的疲累、困顿，以及所受的委屈，便都得到了回报。

用脚步丈量吐蕃大地，方知它是那般宽阔无垠。亲身融入民众之中，方知民风是那般朴实醇正。骑马踏上返程时，吞米·桑布扎内心仿佛盛着一汪泉水，温热、清澈、甘甜。世事如此，他再也不用为吐蕃之前途担忧。

回到逻些城时，正值傍晚时分，布达拉宫中已燃起油灯，仿佛在用智慧之光驱逐即将到来的黑暗。

泛黄的往事，时常在静谧之夜袭来。虽不激烈，却带着持久的绵柔之力，让人无法抵挡。

吞米·桑布扎几乎一夜无眠，清风吹拂院内的左旋柳，沙沙作响，与他的心事做伴。自启程去天竺之日起，他便未停止过行走。用七载之时光走遍天竺各个角落，令他学业有成，生命对他并不苛刻。

随后他挣扎于生与死的边缘，历经万千苦难，终于返回心心念念之吐蕃。继而，温习旧日所学，创造新生吐蕃文，写就《声明学》、吐蕃文文法书，翻译梵文佛教经典，制定并推广统一的法律法规。至此，生命已过半。

这座偌大的宫殿，如此宽阔却也如此寂寞。吞米·桑布扎知晓自己的使命已经完成，以后的政事自有智慧与勇力兼具的松赞干布来处理。奔波多年，吞米·桑布扎忽然觉得疲累，但这并不意味着他要停止前行，他要以另一种方式寻求生命的深意。

近来，吞达村的人事与风物总是潜入吞米·桑布扎的梦境，时而朦胧难分，时而清晰可闻。他从睡梦中醒来，望着周遭辉煌的宫殿，竟忽然觉得陌生而心生怅惘之感。先前，他总听老者说，人至暮年总想回到生养自己的故乡，他听完后粲然一笑，并不当真。如今，当他即将迈入暮年之时，身处布达拉宫竟也觉得一颗心无可安放、无处寄托。

于是，当他再次梦见吞达村时，他便做出归去的决定。

他想守护那片古老而质朴的土地，想在它温柔的抚慰之中，慢慢老去。

世人最怕做选择，因而当心中已有分晓时，胸口的沉郁之气也便慢慢消散了。

一夜沉睡之后，吞米·桑布扎精神焕发，内心回荡着重生之感。

用过清淡但醇香的早膳后，吞米·桑布扎换上干净的服饰，信步来到松赞干布所在的大殿。到底是烂漫春日，清风拂在脸上即让人生出万般温暖，即便是穿着薄衣，亦不觉得寒冷。

吞米·桑布扎走进大殿时，松赞干布正翻阅一部佛教经典，其认真之情状、虔诚之神情，不禁让人折服。吞米·桑布扎不忍心惊动松赞干布，便默然站立一旁。大致一刻钟之后，松赞干布才在抬头思索之时，看到静静望着窗外之云的吞米·桑布扎。

行过主臣之礼后，吞米·桑布扎便说道："臣有一个不情之请，愿赞普恩准。"

"汝向来懂理，何妨说来听听。"松赞干布始终信任眼前这位忠臣。

"赞普赋予之使命已然完成，臣愿告老还乡。"

此言令松赞干布惊讶至极，如若吞米·桑布扎提出治邦安民之政策，松赞干布定然排除万难以采纳其建议，偏偏是告老还乡之请，松赞干布不知如何答复。同意，他身边便少一位能臣；拒绝，即是不仁不义。

沉默半晌之后，松赞干布说道："汝是否决意如此？"

"是。吐蕃后继之人繁多，臣并不担忧。倒是故乡时时入梦，臣不堪其扰。况且，双亲已老，轻疾缠身，臣欲守于其侧，悉心照料，以尽忠孝。"

"好。"

两人再无他言。心如明镜，照得见世间万物。日后之时光，只能在惦念中相见。

黎明未至，吞米·桑布扎便背起收拾好的行囊独自踏上归家之程。

他依旧不擅长告别，所以他赶在人们都未醒来时悄然离去。没有眼泪，没有嘱托，也没有不舍。清风掠过耳际，他一步步走着。随着时间的推移，阳光一点点洒到大地上。他望着前方的一切，终于知晓这一条路是从黑夜走向光明。

第十章
故乡的祈盼：佛教流传的重要推手

雅鲁藏布江一路向东，从拉萨尼木县吞巴乡一带呼啸而过，犹如万马奔腾。

2003年9月的一天，吞巴乡吞达村村民白玛桑珠清扫房屋时，意外地发现了色彩斑斓的壁画，千年前，吐蕃文字创始人吞米·桑布扎的故居由此重见天日。无论有多少尘埃掩盖住他的光芒，历史终会拨开云雾见青天。

重逢至亲

天光一点点倾洒于大地之上，古老而纯净的雪域高原又迎来新的一天。

静谧而弯曲的林荫道上，鸟鸣啁啾，枝叶掩映，清风徐来，让人恍有重生之感。一切皆是鲜活的、纯粹的、澄澈的。行走于其间的吞米·桑布扎，内心深处充斥着一种难以言说的喜悦。

这一条路，尽管吞米·桑布扎已经许久不曾踏足，但对每个拐角处景致的印象依然清晰得一如往昔，连带着那些经年的往事，也一并浮现在他的脑海中。

年少时，贪玩的吞米·桑布扎时常独自跑到离家几十里外的地方，探索自然界的奥秘。及至傍晚时分，他才在袅袅炊烟的陪伴下回家。到家时，月亮往往已经攀上树梢，母亲站在门扉处遥遥眺望，焦急地等待他归来。本来母亲想说几句责备之语，但一张嘴又不忍苛责。吞米·桑布扎见此便狡黠一笑，然后钻进点着酥油灯的屋内去吃那碗糌粑。

那时，吞米·桑布扎虽然常常缠着父亲讲政事，但每当因贪玩而晚归时，他都害怕父亲那张因过于严肃而没有笑容的脸，吞米·桑布扎不敢看父亲，亦不敢在用餐时弄出一点声响。最后还是母亲心软，示意老仆人领着吞米·桑布扎去睡觉。

这些在当时看来，不过是些寻常事，平常而无味，但如今回想起来，才觉年少的时光此生唯有一次。

光阴看似绵长得没有尽头，却是最经不起消磨的，仿佛一眨眼的工夫，青葱少年即成迟暮老者。本以为还有大把时间与家人共度，到头来却只剩了大把泛黄的回忆。虽觉无奈，却也只得默默接受。

第十章 故乡的祈盼：佛教流传的重要推手

曲径而通幽，弯曲的小路将行者引至古木参天、水声潺潺之地。

吞米·桑布扎停下脚步，双眸之中漫上湿意。他环望四周，一切皆是记忆中的模样。十几年前，他时常与邻家伙伴来至此处。夏日的阳光那般明亮，三三两两的孩童赤着脚满天满地奔跑，额头上满是汗珠却顾不得擦一擦，笑声响彻旷野。吞米·桑布扎并不记得为何儿时可以这样快乐，长大后却再没像那样肆无忌惮地笑过。

再有三余里，吞米·桑布扎即抵达与自己血脉相连的故乡。忽然之间，天空下起微雨。雨帘极细，犹如母亲柔顺的发丝。吐蕃的春雨一向柔和，极少以雷电相加制造出唬人的声势。吞米·桑布扎从行囊中拿出一件薄衣置于头顶，在淅淅沥沥的雨声中继续前行。脚步并未因此而慌张，反倒因是故乡之雨而享受其中。

吞巴河渐渐出现在他的视线中，碧绿而清澈。雨水掉落其中，溅起粼粼波纹，两侧的古树在其中的倒影皆变得漫漶而朦胧。许久之前老者讲述这条河的传说的情景，又清晰地浮现于吞米·桑布扎的脑海中。故乡的一切皆是这般熟悉，仿佛入眼即是斩不断的回忆。

最怕故乡依旧如昨，而人事尽非。吞米·桑布扎走进这座古老的村庄时，一向坚定的脚步却因犹豫而变得迟缓。雨中的村落仍是那般古朴，仍是那般与世无争，但好些人家的院落已长满荒草，偶尔从自己身旁跑过的幼童也是一副新面孔。

人生如江河，后浪推前浪，年迈之人作古，年少孩童长大。此为世间不可更改的规律，世人除却长叹之外，别无他法。

雨水成河，汇至吞巴河之中。风声穿林而过，树叶婆娑而动。对于这一切，吞米·桑布扎感到既熟悉又陌生。

走至已入梦千万次的自家门口，吞米·桑布扎却迟迟未叩响门扉。在雨水的冲刷与阳光的暴晒下，房屋的墙壁已由纯白转为淡黄。吞米·桑布扎窥见了岁月的痕迹，也闻到了惦念的味道。他欲即刻冲进这座房屋，却怕屋中之人已不在。于是，他只能在雨中踌躇、徘徊。

时间倏然而去，春雨渐渐停息。阳光重新照耀这个苦乐参半的世间，吞巴河中泛着粼粼波光。家家户户纷纷打开窗户，稚童们又纷纷跑出家门。

吞米·桑布扎终于鼓起勇气连叩三下门，片刻的工夫，门便"吱呀"一声开了。一位年轻的姑娘站于门内请吞米·桑布扎报上姓名，以便向主人回话，吞米·桑布扎便将行囊中一件服饰交给她，说道："此为信物，主人一看便知。"

这位姑娘刚来吞米氏家不久，也难怪她不认识吞米·桑布扎。如此也好，倒让他有时间做好重见双亲的心理准备。

片刻之后，那位姑娘搀着两位老者走出来。吞米·桑布扎心中翻涌的热流终于在看到父母的一瞬间转为眼泪喷薄而出，他一步步走上前，在距离父母一步之遥时双腿跪地，说上一句"孩儿已归"，便泣不成声。

在酥油灯的照耀下，一家人像很久以前一样围桌而坐，秉烛夜谈。与往日不同的是，于他们身后站着的不再是那位和蔼的老仆人，而换成了伶俐的年轻姑娘。吞米·桑布扎与父母皆默契地没有提及老仆人，而是说起村中学吐蕃文的盛况，以及渐渐长大的孩童。

母亲的双眼几近失明，即便屋内点着酥油灯，她亦看不清吞米·桑布扎的面容。吞米·桑布扎便走过去拿起母亲的双手放于自己脸上。母亲用粗糙而温柔的手掌摩挲他的面容，轻轻说道："竟也有褶子了。"她的双眼在酥油灯的照射中，泛起盈盈泪光。

倒是父亲心宽一些，吩咐仆人拿来纸笔，要和吞米·桑布扎比比谁的吐蕃文写得更好。吞米·桑布扎提笔要写些什么，却发现纸页一角密密麻麻写满了自己的名字。父亲像是被窥见自己秘密的孩童，羞赧得不知所措。吞米·桑布扎硬生生逼回即将涌出的眼泪，提笔写下"爱无疆"三个大字。

那一夜，一家人片刻未歇，兴致盎然地聊至天亮。那些空缺的岁月，仿佛皆在重逢之时得到填充与补偿。

在这相逢的时刻，他们不诉离殇，也不提往事，更不说思念之苦，而只是紧紧握住彼此的双手，答应对方自此之后唯有死别，没有生离。

吞巴河的鱼永远记得他的告诫

故乡的风物最能治愈一颗饱经风霜的流浪之心。

吞米·桑布扎归家之后，便时常跟随已辞官回家的父亲到村落对面的平地上耕地。天亮时即背着锄头出发，途中晨露拂衣，天光渐明。心中装满劳作的喜悦，无牵亦无挂，只管徜徉于故乡的怀抱中，醒时或梦里皆无悲伤。

一路始终相伴的是蜿蜒流淌的吞巴河。它清澈而碧蓝，倒映着自由变幻的流云和两侧松柏的枝叶。遇到落差大的路段时，吞巴河便发出激越之声，清脆而有动感。吞米·桑布扎走得疲倦时，便择一块干净的石头坐于吞巴河边，静静地望着泛着粼粼之光的河面。河中的游鱼仿佛见到故人一般，争宠似的纷纷跃出河面。

满是岁月之痕的心，就这样渐渐在故乡的慰藉下，恢复初时的淡然与静默。记忆中那些泛黄的往事，好似老者口中的传说，古老而不真实。

在故乡的臂弯里，生活仿佛得以重建，道路仿佛重新开启。

吞巴河两侧多是松柏树。松柏，挺拔而笔直，质朴而低调，其香若有若无，却持久耐闻，如高雅者之品性。

一日黄昏，吞米·桑布扎背着锄头自田垄间返家。他走于路上，视线不知不觉便聚焦于河边那一棵棵直直向天空延伸的松柏上。再听闻潺潺之水声，吞米·桑布扎忽然有一个大胆的念想，即参照天竺之造香工艺，以吞巴河和松柏为原材，创造属于吐蕃的香。

于有心者而言，生活处处皆是创新的机遇，交流与传承、启发与创造则是人类持续进步的动力。

回到家之后，吞米·桑布扎看到母亲已将刚做好的糌粑端于桌上，父亲正坐于窗前翻阅他翻译好的佛经，这一刻，他终于领悟到爱的真谛。他深知爱需要倾诉与表达，而非掩饰与沉默，故而在享用晚餐时，他将制作吐蕃香的想法告诉父亲，是为征求意见，亦是为拉近彼此之间的距离。

"吐蕃佛教盛行，应该创造己之吐蕃香。实用即可。"父亲的话虽然简单，却是一语中的。

"以吞巴河之水为动力，于水上建造水车。以笔直之松柏为原材，用日夜旋转之水车将其捣碎。而后经过种种复杂工序，制成实用之吐蕃香。"吞米·桑布扎将吐蕃香的制作流程对家人做了详细说明。

"既心中有数，尽早行之。时间无多，珍惜为上。"父亲如此告诫他。

"是。明日即可开始。"

以奔跑之姿行于世间，以纯粹之心倾于梦想，人生便不会虚度。吞米·桑布扎自始至终皆以饱满之热情，回报这唯有一次的生命。

第一缕晨光洒向古树掩映的吞巴村时，吞米·桑布扎便渐次叩响村民的门扉，将村中人召集到一起。

阳光倾洒，水声清脆。吞米·桑布扎站于人群中央，宣布在吞巴河中建造水车、制造吐蕃香的决定，且解释说吐蕃香制成后便可用于佛事。淳朴的村民已将吞米·桑布扎视为吐蕃之英雄、民族之智者，因此，纷纷支持他的这项决定，且表示愿为此事倾尽全力。

吞米·桑布扎对着村民躬身作揖，久久未直起身躯。一位鬓发苍苍的老者步履蹒跚地走过去拍拍他的肩膀，他才直起身，安排后续之事。

回到家之后，父亲问道："是否遇到阻难？"

"未有。只怕吾之能力不足，以负村民热忱之心。"吞米·桑布扎坦诚言之。

"尽力即可。生命自会给汝满意之答案。"

"是。"

几日之后，吞巴河落差较大之处便建好水车。清风吹拂，清水流动，水车开始旋转，带动曲轴木杵去捣碎挂在水车摇臂上的松柏木段。水车日夜旋转，松柏木段便时刻受到拍打，直至木段磨成木泥，水车方停止。在此期间，人们要随时往收集木泥的水槽中加水，以防磨成的粉末被风吹走。

吐蕃香主要用于佛事，因而其制作过程须以圣洁为主，否则会被视为对神灵不敬。然而，每当水车在吞巴河中转动，其叶轮掀起水花时，便会伤害自由游动的鱼。这与佛教不杀生之信仰相悖，但又不能终止吐蕃香之制作，于是吞米·桑布扎便于雅鲁藏布江与吞巴河的交汇处立下一块石碑，其上以藏文写道：江中之鱼不得入此河中。

此碑一立，吞巴河之中的鱼虾便消失得无影无踪。村中之人纷纷称奇，皆言此为佛心慈悲，上苍有灵。自此之后，吞巴河水也被称为"不杀生之水"。

一千多年过去，吞巴河之中仍转动着古老的水车，水花四溅，藏香飘散。

在吞米·桑布扎的指示下，人们将被水车磨成的木泥浆晾晒于阳光之下，做成木泥砖。这一道工序与木泥浆水量、晾晒时间皆有极大的关系。如若水量过少，清风便会将其吹散；如若水量过多，后期便要花费更多的时间来弥补；如若晾晒时间过长，松柏那若隐若现的香气便会消失。

随后，将做好的木泥砖再次打磨成粉末，与西红花、麝香、白檀香、红檀香、紫檀香、沉香、豆蔻、冰片等几十种香料一起搓揉，制成香泥。木粉与不同的香料融合，便会出现不同的味道与颜色。

最后，吞米·桑布扎亲身示范，把掺和着各种香料的香泥放入牛角之中，再用力将其挤到平整的石板上，并且使挤出的香泥必须呈直线。这一道工艺，极其考验制作者的耐心与手艺。挤成直线的香泥，经过两三天的晾晒，便可成为吐蕃独有之吐蕃香。

由此观之，唯有虔敬与清静之人方可做成吐蕃香，而浮躁与急迫之人即便严格执行此道程序，制作出来的吐蕃香亦会失去其原有的香味。

吞米·桑布扎一生之中，所做之事皆在平和心态中完成。创造吐蕃文如是，写作吐蕃文文法书如是，翻译佛教经典亦如是。如今，制作吐蕃香更是不能存急躁之心。

在第一批吐蕃香制作成功时，他这样对父亲说："以平静之心前行，看似缓慢，实则是为捷径。吐蕃香之成，是黎民之福。"

"摘豆蔻，捣沉香，松柏作泥花作尘。一缕云烟梦，几代雪域情。"青藏高原上至今仍流传着这样的歌声。

在这般动听轻盈的歌声之中点燃一支藏香，闻着其浓烈而幽古、大雅而寻常、宁静而神秘的香味，再慌张的心亦可寻到安放之处、栖息之所。

吐蕃纸"容颜永驻"

吞巴河日夜流淌，仿佛不知岁月之长，不知天地之阔。四季的风掠过，它只是皱一皱如镜般平整的容颜，便又唱着欢快的歌谣朝着前方奔赴而去。

吞米·桑布扎每每坐在吞巴河时，心里便仿佛盛着一座山谷，那里群鸟起落，那里潮汐回落，那里亦寂静无声。一切皆是平静的、坦然的、和谐的。春耕时节，他清晨背着锄头除荒草，及至月华初洒时他听着潺潺水声慢步归家。农闲时节，他便读书写字，别有一番雅趣。

时光如梭，这座微小而精致的村落仍如往昔模样，而吞米·桑布扎深知每日皆有新生与死亡在交替。东边的邻家迎来了一声嘹亮的啼哭，西边的邻家则有一位老者作古。欢喜与忧伤相互渗透，欣悦与悲痛相携而行。吞米·桑布扎明白此为人生之常态，接受它继而淡然前行便可。

黑夜寂静无边，掩藏着世间万物，亦暴露着世人内心最真实、最坦白的愿望。

吞米·桑布扎辗转无眠，索性起身翻看书籍。清风入室，室内清凉有余。吞米·桑布扎刚要温习往日所学，却愕然发现书中之字已在岁月的侵蚀下变得漫漶不清、模糊难辨。

火光摇曳，像是惶然之人心。吞米·桑布扎自言自语道："文字可流传千年，而载文之材料难经时光考验。材料不存，文明何以为继？"随后，他将存于书房之内的书籍全部打开，发现书籍保存之长短与所用材料的质量有着极大的关系。

直至天光初降时，吞米·桑布扎依旧坐于书桌前，闭目而思，俯首而念。父亲走至屋内，见油灯燃尽，便知吞米·桑布扎一夜未眠。

父亲并未主动询问何事令他如此忧心，只是说道："天晴时亦有风，雨后亦有虹，万事皆掺杂悲喜。"

吞米·桑布扎听闻父亲之语，杂乱无章之心忽如初升之月，明亮而皎洁，遂郑重道："文明之永存，依靠智慧之文字。而文字之载体若受损，文明则中断。"

"那该如何？"父亲问。

"创造可保存千年之吐蕃纸。如此，吐蕃之历史记忆，方可寻得寄托。"

晨昏交替，日夜流转，吞米·桑布扎苦苦思索却仍未寻得创造一种可以长久保存的纸张的方法。秋风乍起，他披一件薄衣走出村落，顺着吞巴河流淌的方向走去。途中时有鸟鸣传来，嘹亮而清脆，伴着沙沙的落叶声，不禁让人心生荒寂之感。

穿过掩映的树木，吞米·桑布扎来至一片空旷之地。在仲夏时节，那里绿草丛生，格桑花绽放笑靥，连风中皆是青草与繁花的混合香。放牧的孩童就地而躺，唱起古老的歌谣，牛羊则成群结队悠闲食草，吃饱后便卧于一处晒太阳。

而如今，眼中所见皆是一片枯黄。秋风扫过，声声萧瑟。牧童与牛羊皆不见踪影，唯有狼毒草肆意蔓延。忽然之间，吞米·桑布扎心有所动，仿佛黑暗之隧道中有光线涌入，希望充盈，明亮而有深意。

他慢慢蹲下身，细细地端详狼毒草。这种草在吐蕃并不少见，尤其是深秋时节肆意疯长。其根系发达而旺盛，因而在气候干旱且寒彻的雪域高原能够生存下去。因其毒性较大，吐蕃人对其颇为忌惮，很少有人去接触它。而在吞米·桑布扎看来，狼毒草的毒性，正是造纸的优势所在，因为其毒性可防虫蛀，间接达到延长纸张存储时间的目的。

第十章 故乡的祈盼：佛教流传的重要推手

吞米·桑布扎想到此，立即跑回家，拿来一把锄头开始锄空地上连绵成片的狼毒草。黄昏时分，天色转为淡淡的橘黄色，吞米·桑布扎擦掉额上的汗水，推着满车的狼毒草归家。

母亲与家中年轻的仆人看到院落中堆积如山的狼毒草惊愕不已，唯有父亲站于一侧，默然看着吞米·桑布扎将其铺散于庭院里。他知道，吞米·桑布扎做任何一件事皆有缘由。其行为愈是异于常人，他便愈对吞米·桑布扎所做之事有信心。

"父亲，吾已寻到答案。"夕阳之光洒在吞米·桑布扎双眸中，让其熠熠生辉。

"路途已在脚下展开，只管倾心追寻便可。"父亲总是这样信任他。

"是。明日太阳升起时，便是吾启程之日。"

"不。汝已上路许久，明日只是继续行走而已。"

"父亲所言甚是。"吞米·桑布扎明白，父亲始终是自己前行时有力的依靠。

整个深秋，皆是天高气爽的好天气。

吞米·桑布扎参照大唐之造纸术，并结合吐蕃之独有的优势，在创造吐蕃纸时加入狼毒草等四种草药之纤维，且经过备料、制浆、浇造和烘焙四个阶段，仅仅在备料阶段，即要历经采剥、晒干、磨平、水煮、敲打、催熟、过滤、打磨等十一道工序，过程之复杂，耗时之长久，令人咋舌。

终于，在初冬的第一场雪飘落时，吞米·桑布扎创造出了第一张属于吐蕃的纸。

因狼毒草等吐蕃独有的原材料的加入，创造出的吐蕃纸质地柔软而轻盈，不易渗透墨水，且不会随着岁月渐深而褪色掉色，更不会被蛀虫侵蚀而腐烂。即便千年过后，写于吐蕃纸之上的文字，仍会在风的吹拂下，带着昨日的记忆与气息，扑面而来。

如今，青藏高原的历史之河仍流动于纸张之上，鲜活且彰显着勃勃生机。这是一个民族源远流长的历史符号，亦是承载文明的象征。

千年过去，它并未辜负吞米·桑布扎的期望：长久地记录宏大之历史，亦记录琐碎之日常。

他摩挲过这里的每一块经版

青山原不老，为雪而白头。

一场雪过后，高原之上天地一色，纯净得如同刚刚落入凡尘的婴孩，带着初生的鲜活。寒风吹过，落于树梢上的积雪便又纷纷扬扬飘荡起来。

吞达村比往日更为寂静，即便有几个不怕冷的稚童跑出家门，也掀不起多大的动静。日夜流淌的吞巴河仿佛倦了一般，结了一层厚厚的冰，在原地凝滞不动。稚童踩于其上，相互拽着滑冰，偶尔摔几跤也有笑声荡漾而出。

吞米·桑布扎一向是怕冷的，但不知为何脑中一直盘旋着出去走走的念头。于是，他加了一层棉衣，戴好毡帽走出家门。雪后的吞达村，天地一色，难分难辨，别有一番风味。双脚踩于厚厚的积雪上，发出咯吱咯吱的声响。

吞米·桑布扎的内心始终平静如水，不起一丝波澜，但那一日在淡然之外仿佛还掺杂着某种莫名的渴望。至于渴望之物为何，他一时也说不清楚。他沿着结冰的吞巴河信步向前走去。一阵紧过一阵的寒风，令他不得不将大衣裹得更严实一些。

走至村外，吞米·桑布扎回望这座静谧的村落，本以为闯入眼眸的皆是白茫茫的雪，却不期然在这片纯白之间还掺杂着蓝、红、绿、黄。那是吊于房顶之上的小旗的颜色，那些小旗在寒风中摇曳着美丽的身姿，为这有些单调的世界添了一抹亮色。

自佛教在吐蕃兴盛起来之后，人们便做一些方形、三角形、条形的小旗，挂于门首、绳索，或是树枝上，用来祈福。这些小旗在广袤的大地与无垠的苍穹之间自由飘荡，接连天地，亦接连世俗与天堂。

风不定，小旗便不止。在一飘一荡之中，小旗仿佛会将人们美好的愿望传达给神秘之苍穹。

但那时的小旗只是一块漂染着鲜丽颜色的布条，除此之外再无其他装饰。吞米·桑布扎站于不断飘落雪花的古树之下，忽然觉得那颗充满渴望的心安安稳稳地落下了。

"渴望之事，终得到诠释。"他望着那些在村落上空飘扬着的小旗自言自语道。

吞米·桑布扎并未即刻归家，而是继续朝村外走去。所到之处，皆是纯净之白，但总有彩色的小旗打破纯白的格局，仿佛任性的稚童刻意以啼哭吸引大人的注意。

行走之时，吞米·桑布扎的心比以往任何时候都平静淡然。此生之使命，即是不停上路，不断追寻。如今，看到那飘扬着的五彩小旗，他便想到要在小旗之上印上经文。小旗摇曳于天地之间，经文便也会回荡于天地之间；小旗将人们美好的夙愿传递给苍穹，经文便是一种神圣的祝祷。

归家之后，吞米·桑布扎将心中所想告诉父亲，以征询意见。这些年来，他日日见父亲老去，虽感到悲伤却不至于颓废。他知道，此为生命之自然秩序，不能违背，亦不可违背。与其一味悲伤，不如留下没有遗憾的记忆。

父亲听到后，自然觉得有道理，但在思索片刻之后不禁说道："吐蕃小旗之繁多，无以计数，如若单单依靠人力将经文写于其上，想必直至生命尽头亦无法完成此项浩大任务。"

"父亲所想极是。"吞米·桑布扎姿态谦逊，但声音之中自有一股成竹在胸的把握。

"如此说来，汝心中已有决策？"

"是。雕刻一种可重复使用的经版即可，如此则省时又省力。"吞米·桑布扎望着缓缓升起的清凉的月亮，不紧不慢地说道。

他已站于高峰之上，却从未停止过攀登。贪心之人千方百计企求延长生命的长度，而吞米·桑布扎则始终为增加生命的厚度而行于途中。

第二日，天空格外晴朗，厚厚的积雪反射着耀眼的天光。

吞米·桑布扎知晓，制作一块经版需要花费很长时间，经过很多道工序，不可操之过急。

他先找来一根"蚩巴木"（即现今人们所说的桦木），顺着它的纹理，将其劈成木板，随后以火慢慢将其熏干，并把熏干的蚩巴木沤于羊粪之中。隔一段时间之后，再以热水煮、烘干、刨光。经过这些繁复的工序之后，一块用于刻经文的雕版便做成了。

但这仅仅是第一步，此后的工序更为复杂，所花的心思与精力也更多。吞米·桑布扎并未急于一时，而是在做成雕版之后歇息了一日，兀自沿着吞巴河散步，任思绪被寒风吹得很远很远。那一晚，他睡得很早，也睡得很沉，一夜无梦。

清晨醒来后，他便在吐蕃纸上写了一篇经文，写好之后便将其贴于雕版之上。待吐蕃纸上的经文全然渗透于雕版上后，吞米·桑布扎就把吐蕃纸小心翼翼地揭下来。随后，他开始用尖锐之物一点点顺着雕版上的经文，将多余的空隙挖去。最终，雕版上只留下凸起的吐蕃文或是图像。

吞米·桑布扎制作出第一块经版，花费了整整十天的时间。这十天之中，他或是闭目思索，或是沉默不言，或是俯首雕刻，或是仰望苍穹。每一时刻，皆渗进了这块经版之中。

做成之后，他将这道工序像种子一样散播于村落之中，再由村中之人散播于整个吐蕃之中。春风拂来，细雨润物，这些落于吐蕃大地上的种子便慢慢萌出了嫩芽。

多年以后，总有人会忍不住问，吞米·桑布扎所传递的是否仅仅是一门技艺？

而那些坐于古树之下，望着湛蓝色天空的老者总会答道："那不是技艺，而是一种永不会失传的传统，一种永不会泯灭的信仰。"

沉寂千年的巨幅壁画

历史如水缓缓流淌，朝着不知名的前方奔赴而去，片刻不停。斑驳的时光从吐蕃那片土地上走过，那片土地便渐渐成了后人茶余饭后的谈资和带着神秘色泽的传说。而吞达村亦在岁月的流逝中慢慢远去，染上一层层让人浮想联翩的黄晕。

时间是最经不起消磨的，转眼即是千年。千年之后，青藏高原仍一如既往，清澈而纯粹，澄净而明朗。吞达村亦如当初模样，溪水潺潺，古树参天。但终究有所变化，诸如身披铠甲于战马上驰骋沙场的场景不复存在，诸如恢宏而巍峨的玛茹宫已失却当年雄伟之状，诸如吞米·桑布扎已然作古，成为后人凭吊与怀念的对象。

然而，后人想起吞米·桑布扎以及他为这片土地所奉献的生命热情，从不觉得悲伤，亦不觉得他离开过。正如吞米·桑布扎所言，生与死皆是生命的一种状态。只要他双手创造出的吐蕃文仍被使用，创造出的吐蕃香、吐蕃纸、经版仍存在于人们的日常生活中，生命之河便会一直如泉水那般涌于大地之上，永不会枯竭。

当下与过往总是不期而遇。

任谁也不会想到，在历史的长河中始终寂静如斯的吞巴村会因重现于世的巨幅壁画而沸腾热闹起来。

那是2003年的深秋，距离松赞干布那个古老的时代已千年有余。吞达村里的古树叶子开始泛黄，有风吹过时，一些叶子会做生命之中最后一次飞翔，缓缓地从枝头落到大地之上。贪玩的孩子踩于其上，掀起一阵阵欢腾的嬉笑声。觅食的鸟儿在地上啄几下，又扇动翅膀飞远。吞巴河水位微微下降，水声不再如往日那般激昂清脆。

一位名为白玛桑珠的妇人，在一个明朗的日子里，忽然想将有些陈旧的房屋清扫一下。农时已过，田里并无农事要忙，于是她趁着寒彻的冬日未到，便开始动手洗刷这栋二层房屋。不知为何，她对这栋房屋总有种莫名的感觉，尽管它落满岁月的尘埃，陈旧如腐朽之木，但它仍给人一种遗世独立之感，仿佛沉重之历史与翩然之时光，于它身上不起任何作用。

天光饱满而明媚，黄灿灿的，一如不朽之黄金。院落与屋内尽是明晃晃的，让人心生欢喜。白玛桑珠将贴于大屋墙上的报纸一层层揭去，随即又用湿布清洗墙上粉刷着的白灰。尽管深秋的风中满是凉意，白玛桑珠的额头上仍浸满了细碎的汗珠。但看着这栋陈旧的房屋在她的清扫下逐渐变得鲜活而明朗，她丝毫不觉得疲惫。

在清扫的力度愈来愈大时，她惊奇地发现干净的墙面上现出色彩斑斓的壁画。这幅壁画巨大而不粗糙，笔墨饱满却不艳俗，人物神态之自然、平和、慈悲，令她深深震撼。她久久地站于这幅精妙绝伦的壁画面前，仿佛身心全部被掏空，眼中所见、脑中所想、心中所思，皆逆着时光而去，回溯到千年之前。

千年之前，亦是在一个阳光繁盛的秋日，凉风自在穿梭，河水缓慢流淌。

吞米·桑布扎刚刚制作好一版满意的经版，兴致大起，便拿起画笔在墙面作画。阳光透过满是古意的窗子照进屋内，照得吞米·桑布扎的心里也亮堂堂的。他将庭院的古树与屋内的桌椅布局一笔笔画到平整光滑的墙上。

吞米·桑布扎并未昼夜作画，因他知晓作壁画亦无捷径可走，唯有沉下心来，心无旁骛地描绘心中的愿景。因精力过于集中而有疲倦之感时，或是心神无法凝聚时，他便停笔歇息，浅眠也好，到村外散步也好，皆是他放松的方式。

每每决定做一件事，他都要求自己做到最好，不然便不做。在墙上作壁画亦是如此。因而，每一笔皆是蘸满了他对生命的热忱与对尘世的豁然。

三月有余，苍白的墙壁仿佛获得重生一般，有了鲜活的热情与奔放的生命力。画于其上的壁画色泽丰富而绚丽，饱满而明朗；布局疏密有致，繁而不乱；人物神情生动而自然，栩栩如生。吞米·桑布扎看看放置于地上的颜料与画笔，又看看墙上那诉说尘世的壁画，深切感到此生再无憾事。

这是吞米·桑布扎人生中最后一件杰作。他本以为，这幅壁画最有可能被时光吞噬，消散于云烟与清风中，却未预料到千年之后的某个秋日，这幅壁画会成为他曾存于世的最有力的佐证。

缘分未尽，岁月仍向前奔忙。一如吞米·桑布扎所说，死亡并不是一个人生命的终结，因而死亡永远无法将一个人从历史的记忆中剔除。

文明之泉汩汩流淌，生命的长河蜿蜒向前。广阔之海域，从不会拒绝每一滴清澈之水。

他在吞达村不只是一个名字

在这喧闹熙攘的尘世中，始终有一个名字不染纤尘，有一个村落缄默宁静。

青藏高原这片纯粹洁净的土地，已没有他的身影，却仍寻得到他的足迹，觅得到他如格桑花般盛开的灵魂。他的灵魂存在于行云流水般的文字里，存在于氤氲着袅袅清香的佛香里，存在于经得起时光磨损的纸张里，亦存在于寄托着世人虔诚信仰的经版里。

眼中所见，或许并不是真实之物。唯有心中照见的，才是真切流淌于历史之中的。

千年之前的某个秋日，吞米·桑布扎背负着一个民族的重托踏上孤独之路。

在路上，他走过荒无人烟的戈壁滩，翻越积雪皑皑的冰山，走过空旷得令人窒息的山谷，也走过没有生命之源的荒漠。黑夜与白昼循环交替，死亡的气息始终追随着他，时刻企图将他吞没。

眼中积聚的光芒渐渐消散，而心中的火苗从未熄灭。他被强劲猛烈的孤独击中，与嗜血凶狠的猛兽周旋，与侵蚀肉身的疾病较量，倾尽毕生热情追逐民族之梦。

亦有退缩时，只是这种念头唯有一瞬。一瞬过后，吞米·桑布扎心中另一个自己便会将那一缕冒生出来的放弃念头击碎。但这一瞬间仿佛有一个世纪那样漫长，吞米·桑布扎于其中挣扎、摇摆、犹疑，最后在筋疲力尽之时变得坚定如初。继而，他带着这份镌刻进骨髓与血液的笃定继续上路，朝着没有尽头的前方奔跑而去。

彼时天竺四分五裂,纵然慈悲之佛于当地人心中深深扎根,亦无法阻止人们去争夺哄抢。吞米·桑布扎在这般喧嚣的境遇之中,并未随波逐流,而是呼吸着从印度洋吹来的湿润空气,安坐于林木掩映的木屋中研习梵文,思索尚未成型之吐蕃文。

历经七载,吞米·桑布扎终于将渊博之学识记于心中,开始踏上归程。归程与来时一样,皆是一场生与死的较量。来时途中,他的同伴相继离他而去,归程中,与他相伴的唯剩漫无边际的荒凉,以及那份"近乡情更怯"的迟疑与忧虑。

故乡,这两个字说出口容易,其分量却压得人难以喘息。当翻越万水千山,将雄伟巍峨的珠穆朗玛峰远远甩在身后时,雪域高原这片土地便以纯净之姿翻腾着涌进吞米·桑布扎的双眸中。未来得及热泪盈眶,他便看到松赞干布驾驭宝马带领众人前来迎接自己。

过去那些挣扎于死亡边境的日日夜夜,仿佛在那一刻得到应有的回报。再回故乡,吞米·桑布扎的脸上雕刻上了岁月的痕迹,而他的心间依旧鲜活如昨天。当赞扬之声围绕周身时,他并未因此而飘飘然不知所往。缄默做事,安然行路,始终是他追逐梦想所秉持的信念。

在众人的簇拥下,他搬进玛茹宫潜心研究吐蕃文之形。逻些城里的喧嚣时而会涌入这里,但他只是守着一卷书、一盏灯,默然寻路,躬身耕耘。外界之风雨晴天,仿佛皆与他无关。

思路堵塞时,他便走出玛茹宫,于空旷的草原上散步。绽放的格桑花,翠绿的青草,以及来去自由的风,皆是吐蕃文之原相,在吞米·桑布扎的双眸与心间跳跃舞动。他心无旁骛地吸收着自然界给予的启示,而后将其记录于纸上,镌刻到心里。

在当时看来,那些日子是沉重的、难熬的、灰暗的,但正是因为这样,记忆才值得咀嚼与回想。

人生是一个出走与回归的过程。

年少时，怀揣着满腔的热情走出沉静的故园，去追寻远在天涯的梦想，去看更远更辽阔的世界。年老时，那颗饱经风霜、颠沛流离的心，则想念起落拓家园里的袅袅炊烟。

吞米·桑布扎亦是如此。于是，在创造出吐蕃文，完成松赞干布赋予的使命后，他便迫不及待地回到那座似乎已被世人遗忘的吞达村。

岁月流转，曾经的稚童变为老者，曾经的老者已与世长辞。而吞米·桑布扎并不觉得伤感。人生即是如此，默默接受生命的消逝，安静呵护稚童的成长，这个世界便永不会消亡。

吞巴河在微风中泛起层层涟漪，两侧的柏树散发着浓郁而不甜腻的醇香。吞米·桑布扎临河而坐，生发出制造独属于吐蕃的吐蕃香、吐蕃纸与经版的念想。村落里的水土滋润着他的灵魂，他便想为这座村落奉上自己余生的热情。唯其如此，他才觉得内心安稳，此生无愧。

反复思索、研究之后，吞米·桑布扎终于为从不张扬的故园涂抹上了最明丽绚烂的色彩。随后，他将这些技艺手把手传给村民，为其一遍遍演示。

"工序固然重要，但平静笃定之心尤为关键。"此为吞米·桑布扎毕生经验所得。村民倒也未忘记他的谆谆教导，将他创造出的技艺一代代流传下来，使其免受风雨的侵蚀，亦免受岁月的摧残。

如今的吞达村，古树掩映，枝叶繁盛。绕村而种的柳林，垂着轻盈而柔软的枝条。平整的田垄里，摇曳着金黄的青稞。溪流传出淙淙的水声，架于其上的水车"吱呀吱呀"不停歇地转动着，给人一种恍如隔世的感觉。平坦的土地上晾晒着一捧捧黄褐色的柏木泥，清风中荡漾着柏木的清香。

这里仿佛是一个不染尘埃、远离俗世的桃花源。

吞米·桑布扎在这片桃花源中，已不仅仅是一个人的名字，而是一个时代的象征，是古老文明的符号。

主要参考文献

[1] 才让. 吐蕃史稿 [M]. 兰州：甘肃人民出版社，北京：人民出版社，2010.

[2] 王忠. 松赞干布传 [M]. 上海：上海人民出版社，1961.

[3] 马丽华. 风化成典：西藏文史故事十五讲 [M]. 北京：中国藏学出版社，2009.

[4] 恰白·次旦平措，诺章·吴坚，平措次仁. 西藏简明通史 [M]. 陈庆英等，译. 北京：五洲传播出版社，2012.

[5] 巴卧·祖拉陈瓦. 贤者喜宴——吐蕃史译注 [M]. 黄颢，周润年译. 北京：中央民族大学出版社，2010.

[6] 黄奋生. 藏族史略 [M]. 北京：民族出版社，1985.

[7] 安应民. 吐蕃史 [M]. 银川：宁夏人民出版社，1989.

[8] 司马光. 资治通鉴 [M]. 北京：中华书局，1956.

[9] [英] 崔瑞德. 剑桥中国隋唐史. 589—906 [M]. 中国社会科学院历史研究所，西方汉学研究课题组译. 北京：中国社会科学出版社. 1990.

[10] 王森. 西藏佛教发展史略 [M]. 北京：中国社会科学出版社，1987.

[11] 陈庆英，高淑芬. 西藏通史 [M]. 郑州：中州古籍出版社，2003.

[12] 次旦扎西，阴海燕. 吐蕃十赞普 [M]. 拉萨：西藏人民出版社，2012.